दो शब्द

'जाँच-पड़ताल' निकोलई वैसिलीविच गोगोल की कालजयी कृति 'दी गवर्नमेंट इंस्पेक्टर' पर आधारित नाटक है। सन् 1836 में प्रकाशित इस कृति के शिल्प और लेखकीय दृष्टि से मैं बचपन से प्रभावित रहा हूँ।

अपने देश में इसके जितने अनुवाद या रूपांतरण हुए हैं, संभवतः उतने दूसरे किसी मुल्क में नहीं। कारण साफ हैं। भ्रष्टाचार से ग्रसित-पीड़ित आम भारतीय जन, भिन्न समाजों के निकम्मे व भ्रष्ट व्यवस्थापकों का समान-सा आचरण, और इन परिस्थितियों पर गोगोल द्वारा किया गया इतना सहज और पैना व्यंग्य !

तो फिर एक और 'संस्करण' क्यों ?

मेरी समझ में कुव्यवस्थित समाज से यह नाटक खुद-ब-खुद ऊर्जा ग्रहण करता है, और लेखकों को नये प्रयोग करने हेतु अपने सम्मोहन से बाध्य करता है।

'जाँच-पड़ताल' में प्रयास किया गया है कि मूल के अलावा नये व्यंग्य-प्रसंगों को भी समकालीन तेवर के साथ प्रस्तुत किया जाये और आम-जन की भाषा में सामाजिक मुद्दों, प्रशासनिक कुव्यवस्था और राजनीति के अपराधीकरण पर बहुआयामी प्रहार किया जा सके। अनेक पात्रों-प्रसंगों की मूल संरचना में भी बदलाव लाने का प्रयास किया गया है, और मूल से भिन्न, सत्ता के सर्वोच्च शिखर तक फैले भ्रष्टाचार पर टिप्पणियाँ देने का भी। अप्रासंगिक हो चुके प्रसंगों-पात्रों को अवकाश प्राप्त करा दिया गया है। इस धृष्टता के लिए गोगोल-प्रेमी क्षमा करेंगे। 'जाँच-पड़ताल' के बुनियादी ढाँचे की कुछ विशेषताएँ शैलेंद्र के 'बड़ा साहब' से भी प्रेरित हैं।

यह तो गुणी पाठक ही बतलाएँगे कि 'जाँच-पड़ताल' पाठकीय कसौटी पर कितना खरा उतरता है।

'जाँच-पड़ताल' का पहला स्वरूप 1994 में पूर्ण हुआ। 1995 की जनवरी में (नाट्यशाला के अभाव में) कर्क व्यू स्कूल के खुले प्रांगण में चित्रांश कला मन्दिर, गया द्वारा प्रदर्शित किया गया। दो दिनों तक कड़कड़ाती ठंड के बावजूद

दर्शक भरे रहे। इसका ढेर सारा श्रेय 'जाँच-पड़ताल' के प्रथम निर्देशक श्री ब्रजकिशोर के कौशल को जाता है और नाटक से जुड़ी गया की तीन पीढ़ियों की कलाकारी को।

नाटक की सफलता से प्रभावित श्री विद्यानंद सहाय एवं श्री रवीन्द्र भारती के प्रोत्साहन से पटना में 'निर्माण कला मंच' द्वारा इसके सुधरे स्वरूप की चार दिवसीय प्रस्तुति हुई। निर्देशन डॉ. अशोक तिवारी का था। चारों दिन कालिदास रंगालय में भीड़ का सैलाब था। सैकड़ों व्यक्ति प्रवेश न पाने की वजह से मायूस घर लौटे।

श्री रवीन्द्र भारती के सौजन्य से ही श्री अशोक माहेश्वरी से संपर्क हुआ और अशोक जी ने 'जाँच-पड़ताल' को प्रकाशित करने की सहमति दी। आपको कोटि-कोटि धन्यवाद !

इस नाटक को लिखने के क्रम में जिन मित्रों से बहुमूल्य प्रोत्साहन मिला, उनमें पत्नी दूर्वा सहाय, श्री शैवाल एवं श्री अब्दुल कादिर विशिष्ट स्थान रखते हैं। धन्यवाद !

—संजय सहाय

पात्र-परिचय

मेयर (गज्जू बाबू)	:	*एक छोटे से शहर के*	लगभग 50 वर्ष
इमरती देवी	:	*मेयर साहब की दूसरी पत्नी*	लगभग 35 वर्ष
बेबी	:	*मेयर साहब की बेटी (पहली पत्नी से)*	लगभग 20 वर्ष
गोबर सिंह	:	*मेयर साहब के घर का चौकीदार*	लगभग 30 वर्ष
झूलन	:	*मेयर साहब के घर का नौकर*	लगभग 35 वर्ष
झूलन की पत्नी	:	*मेयर साहब के घर के नौकर की पत्नी*	लगभग 28 वर्ष
संकटा प्रसाद	:	*नगर के ज्यूडीशियरी मैजिस्ट्रेट*	लगभग 55 वर्ष
बेरंगी लाल	:	*नगर के पोस्टमास्टर*	लगभग 50 वर्ष
सिविल सर्जन	:	*नगर के*	लगभग 45 वर्ष
स्कूल इंस्पेक्टर	:	*नगर के*	लगभग 40 वर्ष
कोतवाल	:	*नगर के*	लगभग 38 वर्ष
चिलमची मियाँ	:	*मेयर साहब के दरबारी*	लगभग 60 वर्ष
पंडित लोटा परसाद	:	*मेयर साहब के दरबारी*	लगभग 60 वर्ष
सफाई अधिकारी	:	*नगर के*	लगभग 62 वर्ष
पोस्टमैन	:	*मेयर साहब के मोहल्ले का*	लगभग 25 वर्ष
बेयरा	:	*होटल फाईवस्टार का*	लगभग 25 वर्ष
मैनेजर	:	*होटल फाईवस्टार का*	लगभग 40 वर्ष
चपरासी	:	*सर्किट हाउस का*	लगभग 30 वर्ष
कुमार	:	*दिल्ली का नौजवान*	लगभग 28 वर्ष
पाँच-छः व्यापारी	:	*नगर के*	भिन्न-भिन्न उम्र के

जाँच-पड़ताल

पहला अंक

[स्थान–मेयर साहब का बंगला। समय–सुबह पौ फटने का। चौकीदार गोबर सिंह सो रहा है। नौकर झूलन झाड़ू लगा रहा है।]

गोबर सिंह : (नींद में) तऽ बे कनैठी खाये नहिंये सुधरोगे...माने की नहिंये सुधरोगे...

झूलन : (चौंकता है) आँय...अरे उठो न, उठो...देखो सवेरा हो गया।

गोबर सिंह : (नींद में ही) डिस्टर्ब मत करो, न तो सुखले ससपेंड हो जाओगे।

झूलन : ही-ही...सेसपेन हो जाएँगे ! अरे, सपना देखना छोड़िए और चट से उठकर पट से तैयार हो जाइए ...मेयर साहब जागने ही वाले हैं।

गोबर सिंह : (उठता है) दुर...कहाँ तो हम कोतवाल साहब को कनैठी दे रहे थे...और तुम ससुर ऐन मौका पर जगाकर सब मजे किरकिरा कर दिये।

झूलन : (दरवाजे के बाहर झाँकते हुए) हाय रे दइया ! किराना वाला अब तक सामान नहीं पहुँचाया ! जरा उसको डंटा करके आइए तो गोबर भाई...

गोबर सिंह : (बिगड़कर) फिर गोबर बोला ?...अरे गोवर्धन कहो, गोवर्धन ! सुबह-सुबह मूड बिगाड़ देता है, साला मौगा कहीं का !

झूलन : हुँह ! (गुस्से में चला जाता है)

[पोस्टमैन का प्रवेश]

गोबर सिंह : का बात है ? आज इतना सुबह-सुबह ?

पोस्टमैन : मेयर साहब का अर्जेंट लेटर है **(चिट्ठी देता है)** और, कुछ हाल-चाल बताओ भाई !

गोबर सिंह : हाल तो देखिये रहे हो !...पहले का साहब लोग भी जमकर खाता था, बाकी जरा-मरा दूसरे को भी खाने देता था। ई तो सब अकेले चाभ जाता है–गिरहकट कहीं का !...अपना सुनाओ।

पोस्टमैन : सब जगह एक्के हाल है। अच्छा...लेटरवा जल्दी दे देना...गोबर...

गोबर सिंह : **(उँगली दिखाकर)** गोबर नहीं...गोबर नहीं...! **(पोस्टमैन हँसते हुए चला जाता है)** उल्लू का औलाद, **(दर्शकों से)** ...साला मजाक उड़ाता है !...अब हम भी झटपट तैयार हो जायें, सब लोग जागने ही वाले हैं।

[मंच आलोकित होता है। प्रातः के दस बजे हैं। बैठक में इमरती देवी एक सुंदर से शीशे को हाथ में पकड़े स्वयं को निहार रही हैं।]

इमरती देवी : **(आँखें बंद कर)** हमरे प्यारे दर्पण भइया...झूठ न बोलना ...दुनिया में सबसे खबसूरत कौन है ?

बेबी : **(बैठक में आते हुए, आवाज बदल कर)** तुम्हारी सौतेली बेटी बेबी !

इमरती देवी : झूठ, साफ झूठ ! **(देखकर)** आँय ! तुम हो !...खचड़ी कहीं की...जतरा बिगाड़ दी !

बेबी : मम्मी, एक मिनट के लिए दो न...प्लीज़ !

इमरती देवी : बिल्कुल नहीं....जब न तब मेरा आईना लेकर बैठ जाती है, हम का छीपा **(थाली)** में मुँह देखकर मन बहलावें ?

बेबी : बड़ी आई आईने वाली...तुम भी मेरी सैंडिल लौटा दो–करो वापस !

इमरती देवी : पकड़ो अपना चमड़ा का खड़ाऊँ। **(सैंडिल भीतर उड़कर जाता है)** जरा सा में कपारे पर चढ़ती जा रही है...आने दो इनको !

[मेयर का बैठक में प्रवेश। एक हाथ में चिट्ठी है, दूसरे हाथ में सैंडिल।]

मेयर : **(झुँझलाकर सैंडल अपने सिर पर मारते हुए)** लो, पटक दो, पटक दो हमारे माथा पर ! पागलखाना बना दिया है घर को...!

इमरती देवी : **(गुस्से में)** ई हर बात में झगड़ा करती है जी...आप तो कुछ बोलते नहीं हैं, छौंड़ी सहकते जा रही है।

बेबी : मम्मी हर समय आपको भड़काती रहती है पापा !

इमरती देवी : **(बिसुरते हुए)** बियाह के बखत लोग कहता था...दूसरी बीबी बनके जा रही हो, राज करोगी। हियाँ तो सौतेली बेटी का ही हुकुम चलता है। हम तो घर की जमींदारिन हैं...।

बेबी : **(चिढ़ाते हुए)** जमींदारिन नहीं माँ, जमादारिन।

इमरती देवी : हाँ...हाँ। ऊहे...जमादारिन...**(अचानक बात समझकर)**...का बोली रे...?

मेयर : देखो, ई सब ठसकबाजी हमसे नहीं सपरेगा...भगवान के लिए झोंटा-झोंटी बंद करो और हमको सांती से रहने दो। पहले ही मिजाज डिस्टर्ब है।

इमरती देवी : नहीं सम्हरता है तो काहे किये थे बियाह ?

बेबी : पापा, आप मेरी बात भी तो सुनिए...

मेयर : **(बिगड़कर)** सट-अप, **(इमरती देवी खुश होती हैं। मेयर उसकी तरफ मुड़कर चिल्लाते हैं :)** एंड गेट-आउट **(दोनों मुँह लटकाकर चली जाती हैं)**। पूरा घर सनक गया है। **(चिल्लाते हुए)**...झूलन...अरे झूलनवा...गोबर सिंह...! सबको

खबर भेजवाया रे ?

गोबर सिंह : हुजूर...!

झूलन : जी सरकार !

मेयर : **(नकल उतारकर)**...जी सरकार !...यह छक्कापन छोड़ो। अरे कोई ससुरा आया है कि नहीं ? **(स्वयं से)** हम ही मूर्ख थे कि इतना पैरवी लगा-लगा के सब को यहाँ पोस्टिंग कराये। काम के बखत कोई नजरे नहीं आता है !

झूलन : जी, मजिस्ट्रेट साहब का फोन आया था...ऊ इस्कूल साहब और सिविल सार्जेन को लेते हुए पहुँचेंगे।

मेयर : तब तो हो गया...सिविल सर्जनवा को दवाई बेचे से फुर्सत मिलेगा तब न ! **(दोनों से अलग-अलग कहते हैं)** साले जाकर चार कप चाय बनाओ...लाल पत्ती वाला, और जैसे ही सब आ जायें, हमको खबर देना।

[मेयर भीतर जाते हैं। मैजिस्ट्रेट, सिविल सर्जन और स्कूल इंस्पेक्टर का प्रवेश। मैजिस्ट्रेट और स्कूल इंस्पेक्टर ड्राइंगरूम में चुपचाप बैठ जाते हैं। लेकिन सिविल सर्जन साहब पायदान पर दो-तीन बार पैर का जूता रगड़ते हैं।]

मैजिस्ट्रेट : **(चिढ़कर फुसफुसाते हुए)** क्या महाराज ? अरे जल्दी आइए अब !

सिविल सर्जन : ठहरिए न, कुछ लग गया है...

मैजिस्ट्रेट : छी...छी...छी...छी...जरा उधर ही रहिये !

स्कूल इंस्पेक्टर : **(विचार करते हुए)** प्रातःकाल में तो यह मनुष्य का ही हो सकता है...**(उँगली पर उँगली चढ़ाकर चिढ़ाते हुए)** डगडोइयाँ ...डगडोइयाँ !

मैजिस्ट्रेट : बचपन में कितना खेलते थे यह सब, आपने तो पुरानी

यादें ताजा करा दीं भाई !

[सब हँसते हैं। सिविल सर्जन जूता पोंछकर भीतर आते हैं।]

मेयर : **(बैठक में आते हुए)**....खाली हें...हें...पों-पों में लगे रहिये...बेटे के बारात में नहीं बुलवाया था...इमरजेंसी मीटिंग कॉल किया है, समझे !...अब बकलोल के जैसा कोची ताक रहे हैं ?...**(सिविल सर्जन से)** ओफ—ओह ! दरबजवा तो बंद कर दीजिए महाराज ! गजब करते हैं !

[सिविल सर्जन घबराकर दरवाजा बंद करते हैं फिर सब के साथ सोफे पर बैठ जाते हैं, और मेयर की तरफ ताकते हैं। मेयर जो अब तक पान चबा रहे थे, पीक थूकने के लिए जगह तलाशते हैं। स्कूल इंस्पेक्टर पीकदान उठाकर बढ़ाते हैं और अपना एक हाथ भी उनके सामने कर देते हैं। मेयर पहले उनके हाथ पर पीक थूकने के लिए झुकते हैं, फिर पीकदान में ही थूक देते हैं।]

मेयर : लटकदलाली छोड़िए और ध्यान से सुनिए...आज सुबह-सुबह बहुत बुरा खबर मिला है।

स्कूल इंस्पेक्टर : **(दोनों हाथ नचाते हुए)** नेता जी गए क्या ?...चले गए ?

सिविल सर्जन : हो गया क्रिकेट मैच का कबाड़ा !!

मैजिस्ट्रेट : थैंक्स गॉड ! हमारे यहाँ तो केबल टी. वी. आता है।

स्कूल इंस्पेक्टर : अब सात दिनों तक तानपूरा सुनिए...

मेयर : यह तानपूरा हम लोगों पर ही बजने वाला है।

[सब चौंकते हैं।]

मेयर : जीऽऽ...हमको बहुत कन्फिडेन्सियल सोर्स से पता चला है कि सेन्टर से एक हाई-फाई अफसर यहाँ के हालात का जाँच-पड़ताल करने आ रहा है।

सब लोग : आँय ! यह कैसे हो गया ?

मेयर : **(सोचते हुए)** जरूर बिदेसी ताकतों का बैठकबाजी है !

सिविल सर्जन : **(अनभिज्ञ से)** कौन-सी विदेशी ताकतें ?

मेयर : हर नेता-अफसर को पता है कौन सी बिदेसी ताकतें ...एकदम से जनता छाप हैं का महाराज ?

सिविल सर्जन : अच्छा-अच्छा, समझ गए !

मैजिस्ट्रेट : **(सिर खुजलाते हुए)** ये 'हाई-फाई अफसर का क्या मतलब हुआ ?

मेयर : हाई-फाई का मतलब है टेक्नीकलर !...नहीं बूझे ? अरे, वह अफसर आयेगा भेस बदलकर !!

स्कूल इंस्पेक्टर : भ...भ...भेस बदलकर ?

सिविल सर्जन : आखिर यह सब क्या हो रहा है ?

मैजिस्ट्रेट : जानते हैं, आज सैर के वक्त एक सियार-सियारिन को पार्क में सिनेमा करते हुए देखा, एकदम से बंबइया स्टाइल में...हमको तो उसी समय अपशकुन का आभास हो गया था।

स्कूल इंस्पेक्टर : तभी कहें श्रीमान, कि कल ही से हमारा बायाँ अंग क्यों फ...फ...फड़क रहा था !

सिविल सर्जन : **(ऐसे बोलते हैं मानो उन्हें भी इस समस्या का कारण ज्ञात हो गया हो)** यह देखिए ! यहाँ आते हुए हमारा भी पैर ...कुछ गंदगी में पड़ गया था...।

मेयर : **(चिढ़कर)** एक मिनट में सब कुछ घटने लगा आप लोगों के साथ...!? खैर, सुनिए, हम अपने दोस्त का लेटर पढ़ते हैं, जिससे हमको यह मनहूस खबर मिला। **(पत्र पढ़ना शुरू करते हैं)** लिखता है...प्यारे बन-डमरू **(सुधारते हुए)** इसका मतलब है गजेन्दर...मुख्य समाचार यह है

कि केन्द्र ने अज्ञात कारणों से तुम्हारे राज्य की जाँच-पड़ताल हेतु, उच्चाधिकारों से लैस एक वरिष्ठ अधिकारी को नियुक्त कर दिया है। सूचना है कि तुम्हारे क्षेत्र का विशेष रूप से निरीक्षण होगा।...**(पत्र की भाषा से बोर होते हुए)** एकदम चूतिया के जैसा हिन्दी लिखता है, **(स्कूल इंस्पेक्टर को दिखा कर)** इनकी तरह ...साला मुँहवे टेढ़ा हो जाएगा...

[सब लोग सहमति में सिर हिलाते हैं। मेयर आगे पढ़ते हैं]

मेयर : आगे लिखा है, यह निरीक्षक बहुत चालाक है और भेस बदलने में माहिर...भयंकर भेदिया ही समझो। यह किसी भी रूप में तुम्हारे शहर पहुँच सकता है। भिखारी....साधू....विद्यार्थी....यात्री...मरीज या पहलवान, कुछ भी ! विश्वास नहीं करोगे, पिछली जगह तो इसने लौंडिया का रूप धारण कर रखा था और वहाँ का मेयर बेचारा उसपर अटेंप्ट करके ऐसा फँसा, ऐसा फँसा कि मत पूछो। सावधान रहना, नहीं तो धोखा खाओगे। परसों फिरौती वसूलने बनारस गया था। मुन्नीबाई से मुलाकात हुई, तुमको बहुत याद करती थी **(अचानक चौंककर चिट्ठी बंद कर देते हैं)**...बाकी सब कान्फिडेन्सियल बात है...।

[सब मुस्कराते हैं, फिर गंभीर हो जाते हैं।]

मैजिस्ट्रेट : **(चिंतित होकर)** गजब की बात है...भेस बदलकर चोरी से आयेंगे !...

सिविल सर्जन : वह भी छोकरी के रूप में ?

स्कूल इंस्पेक्टर : **(चिढ़कर)** मानो वह भीम हों, और हम लोग कीचक !

मैजिस्ट्रेट : यह तो सरासर गुण्डई है !

सिविल सर्जन : इस छोटे से शहर में जाँच का क्या मतलब है ?...जाँच करवानी है तो दिल्ली में कराइए।...वहाँ कोई कम चोरी है क्या ?

मैजिस्ट्रेट : **(रुआँसे से)** बोफोर्स से लेकर हवाला तक, जिधर देखिए अरबों का घोटाला है...अरे, पहले उसे सँभालिए साहब ! हम लोगों की छोटी-छोटी बातें उछालने का क्या मतलब है ? यह कोई जस्टिस हुआ ?

सिविल सर्जन : जबरदस्ती एक बैकवर्ड स्टेट के पीछे पड़े हुए हैं ?

स्कूल इंस्पेक्टर : इस तरह हमें तर्जनी करने का औचित्य ?

मेयर : **(गंभीर मुद्रा में)** अब यह तो सब लोग मिलकर सोचिए **(अपने माथे को उँगली से ठकठकाते हुए)** जरा किडनी का भी इस्तेमाल कीजिए !!

मैजिस्ट्रेट : हमें लगता है, इस इन्क्वायरी के पीछे गहरी राजनैतिक साजिश है...नहीं तो भला एक चोर दूसरे चोर पर इंस्पेक्शन करता है ? सॉरी ! हमारा मतलब है कि एक चोर एक बेईमान आदमी पर **(जुबान लटपटा जाती है)** ...धत् तेरे की...मतलब, जरा सोचिए आप लोग।

मेयर : **(सोचते हुए)** हूँऽऽऽ ! नेता जी भी हमसे चिढ़े हुए हैं ...हमारी पापुलरटी से जलते हैं...ऊ भी गत दे दिये होंगे...याद है, पिछला बार जब उनको रुपया से तौलवाये थे ?...हम पर चार्ज लगा दिये कि गठरी में पाँच किलो कम है...अब वापस जाते-जाते उनका वजने बढ़ गया तो इसमें हमारा दोष है, आँय भाई ?

[शेष सभी 'जी सर/बताइए भला' आदि कहते हैं।]

सिविल सर्जन : शहर का लोग भी बहुत परीक गया है सर ! लगता है किसी ने कम्पलेन-उम्पलेन भेजा है।

मैजिस्ट्रेट : हमें लगता है, इसमें जरूर विरोधी पार्टी के मुछिंदर लाल का हाथ है।

मेयर : **(आपा खोते हुए)** अच्छा रे साले मुछिंदरा ! जब लड़कवा किडनैप हो जाएगा न, तब आओगे घिघियाते

हुए हमरे पास।...खैर छोड़िए, ऊ सब बाद में सोचा जाएगा।...देखिए, आप लोग ठहरे सरकारी नौकर ...इस इंस्पेक्सन से आप लोगों पर ही ज्यादे खतरा है। हम तो जनता के प्रतिनिधि न हैं...अपनी जिम्मेवारी और अधिकार दोनों समझते हैं ! अब हमको क्या डर होगा भाई !...अऽ...फिर भी कर्तव्य-पालन की दिसा में हमने कुछ योजना बनायी है...आप लोग फौरन अपना-अपना विभाग सुधारिए और कागज-पत्तर दुरुस्त कीजिए। **(जोर से आवाज देकर)** ...अरे झुलनवा, चाय है कि बीरबल का खिचड़ा रे ?...जल्दी लाओ !

झूलन : **(नेपथ्य से)** मल्कीनी का सैंडिल खोज रहे हैं, मालिक !

मेयर : **(बीच में बोलते हैं)** अरे सार गदहा, हियाँ पर पड़ा है, आकर ले जाओ।

सिविल सर्जन : **(विचार करते हुए)** यह एक पैर का सैंडिल यहाँ कैसे आया ?

मेयर : **(चिढ़कर)** दूसरे जगह ब्रेनवा बाद में लगाइएगा। पहले अपना सुन लीजिए, सबसे कन्डम हालत आप ही का है।...पड़ताली अफसर देख लिया तो सीधे नसबंदी कर देगा...। नर्स, वार्डबाय और मरीज, सबको एक लाइन से नहलवा के साफ-सुथरा कपड़ा पहनवा दीजिए। अस्पताल प्रांगण की पूरी सफाई करवाइए। ...और जितना सूअर, कुत्ता, बिल्ली वार्ड में घूमता रहता है न, सबको पकड़वा कर सहर के बाहर छोड़वाइए।

[सब हँसते हैं।]

स्कूल इंस्पेक्टर : मेरा सुझाव है, श्रीमान, क्यों न हम उसे पशुओं का ही अस्पताल बताकर मुआयना करा दें !

[सब लोट-पोट होकर हँसते हैं...सिविल सर्जन चिढ़कर स्कूल इंस्पेक्टर को झड़पते हैं, फिर मेयर से कहते हैं।]

सिविल सर्जन : **(अपमानित गंभीरता के साथ)** हमारी तरफ से चिंता-मुक्त रहिए।

मेयर : जरा बोलिए कम, पहले ध्यान से पूरा मैटर समझ लीजिए—अब से लेकर इंस्पेक्सन तक दवाई बेचना बंद। पानीवाला इंजेक्सन और चॉक वाला टेबलेट, सब फेंकवा दीजिए, और अस्पताल का हिसाब-किताब, बही-खाता तरीका से भरवा डालिए।

स्कूल इंस्पेक्टर : बल्कि मेरा तो नम्र निवेदन है कि डॉक्टरी के झंझट से हटाकर इन्हें बही-खाते भरने का कार्य ही सौंप दिया जाये। एक तो इनकी हस्तलिपि अधिकारी का बाप भी नहीं समझ पायेगा...दूसरे, मरीजों के पेट में कैंची छूटने की घटनाओं पर भी रोक लग जायेगी।

मैजिस्ट्रेट : आइडिया बुरा नहीं है।

सिविल सर्जन : एक-दो बार हो क्या गया, आप लोग तो लिमिट ही क्रास करते जा रहे हैं...छोटी-मोटी मिस्टेक किसी से भी हो सकती है—समझे आप !

मेयर : **(हँसी रोकने का प्रयास करते हुए)** बौड़ाहा जैसा मत कीजिए।

[झूलन चाय लेकर आता है। सब प्यालियाँ उठाते हैं। झूलन उसी ट्रे में सैंडिल रख कर ले जाता है।]

मैजिस्ट्रेट : **(चाय पीते हुए)** फिर भी कम से कम सीरियस मरीजों को तो हटवा ही दीजिए वर्ना आला-अफसर समझ जाएगा कि डॉक्टर को कुछ नहीं बुझाता है।

[सब हँसते हैं।]

मेयर : हॉस्पिटल पर एक्सपर्ट कमेंट देने के बजाये आप अपनी कचहरी की चिंता करें, तो बेहतर रहेगा...। एक कमरे में आपका सरबेटा नम्बरिया लाटरी का टिकट

बेचता है, और दूसरे कमरे में आपका चेला भैंस का खटाल चलाता है...कोई मतलब हुआ ?

स्कूल इंस्पेक्टर : पशुपालन घोटाला में खुद भी फँसियेगा और हम सबको मरवाइएगा।

सिविल सर्जन : बिल्कुल ! अदालत का भी कोई कायदा होता है कि नहीं ?

मैजिस्ट्रेट : **(चिढ़कर)** इसमें कायदे की क्या बात है ? और भैंस वाला ईशू तो ऐसे भी, पौलिटिकली बहुत सेंसिटिव है...।

मेयर : **(विचार करते हुए)** समझ रहे हैं...पर कम से कम बोतल-ऊतल तो हटवा दीजिए अपने कमरे से...और ऐसा कीजिए, दो-एक दिन उस कमरा को सार्वजनिक मूत्रालय की तरह इस्तेमाल करवाइए, ताकि कचहरी, कचहरी के जैसा गमके, न कि कलाली (दारू की भट्टी) की तरह ! क्यों ?

मैजिस्ट्रेट : यह तो हो जाएगा।

सिविल सर्जन : **(मैजिस्ट्रेट को हाथ जोड़कर)** दया करके वह जुए का अड्डा भी हटवा ही दीजिए संकटा बाबू !

मैजिस्ट्रेट : **(चिढ़कर)** प्राइवेट पार्टी खिलवाये तो जुआ, और गवर्नमेंट खिलवाये तो लॉटरी ? वाह !

मेयर : गौरमेन्ट जरा ऊपर की चीज होती है संकटा बाबू ! जुआ हो, सराबखाना हो, या नाचघर, उसके लिए सब जायज़ है।

मैजिस्ट्रेट : देखिए भई, लॉटरी वाला में प्रॉब्लम है। ससुराल का मामला है। वाइफ को कौन समझाएगा ? जाँच अधिकारी को दूर से दिखा देंगे....आप कह दीजिएगा, स्टाम्प-पेपर बिक रहा है।

मेयर : स्टाम्प-पेपर बिक रहा है ? वाह ! बहुत अच्छा !! **(व्यंग्य से हँसते हैं...)** एक बात और, जरा रंग-ढंग भी

सुधारिए अपना...आप कुछ गहरा गोता मारने लगे हैं।

मैजिस्ट्रेट : आपकी बात कुछ समझ में नहीं आई !

स्कूल इंस्पेक्टर : यह कोई कानून का सिद्धांत नहीं है, जो आपकी समझ से परे है। सीधी-सी बात है, अपने भ्रष्ट आचरण पर अंकुश लगाइए।

मैजिस्ट्रेट : **(आश्चर्य की मुद्रा में)** आपका मतलब है...मैं रिश्वत लेता हूँ ?

सिविल सर्जन : बिल्कुल सही पकड़ा आपने।

मैजिस्ट्रेट : **(बिगड़कर)** अगर किसी ने कभी दो-एक बोतलें पहुँचा दीं, तो भ्रष्टाचार हो गया ?...गिफ्ट एक्सेप्ट करना तो अंग्रेजों का बनाया हुआ कायदा है साहब !

मेयर : अंगरेजों के कड़छुल, इसे भी भ्रष्टाचार ही कहा जाएगा...समझे आप !

मैजिस्ट्रेट : **(आहत होकर)** महापौर महोदय...हमारे हिसाब से, भ्रष्टाचार उसको कहते हैं...जब दो कौड़ी के लोग जनप्रतिनिधि बनकर करोड़ों की सम्पत्ति अर्जित कर लेते हैं और **(कमरे में चारों तरफ इशारा करते हुए)** इस तरह के आलीशान बँगलों में रहने लगते हैं।

मेयर : **(चिढ़कर)** सुनिए...ई सब समाजवादी भासन झाड़कर भी आप अपने को बेकसूर साबित नहीं कर पाइएगा संकटा बाबू !

मैजिस्ट्रेट : देखिए...मैं हर बात में आपकी चमचागीरी नहीं कर सकता। कोई मेरे करेक्टर पर उँगली उठाये, यह मुझसे बर्दाश्त नहीं होगा।

स्कूल इंस्पेक्टर : मेरी आपसे विनती है कि इन छोटी-मोटी बातों से आवेश में न आयें और अपनी कार्य-पद्धति पर पूरा ध्यान दें संकटा बाबू !

मेयर : **(स्कूल इंस्पेक्टर से—व्यंग्य से)** ...ज्यादा सीख मत दीजिए

...अपना होश है आपको ?

स्कूल इंस्पेक्टर : हमारा तो सब काम दुरुस्त है, श्रीमान !

मेयर : घंटा दुरुस्त है।...एक्को शिक्षक नजर आता है ?

स्कूल इंस्पेक्टर : इसमें हमारा क्या दोष है ?...कुछ तो आपके ही चुनाव के दरम्यान झड़पों में घायल हो गए थे...कुछ फरार हैं, और जो कुछ विरोधी पार्टी से संबंध रखते थे, उनको आपने ही जेल भिजवा रखा है...श्रीमान !

मेयर : अच्छा, बकबक बंद कीजिए, उपाय सोचते हैं।...तब तक कम से कम स्टूडेंट लोग से रिक्वेस्ट कीजिए कि इंस्पेक्सन तक विद्यालय में बम-पिस्तौल लाना बंद करें–बाल-वाल...बाबड़ी-ऊबड़ी कटवाकर सभ्य दिखने का प्रयास करें। छत की मरम्मत कराइए...कहीं ऐसा न हो, उसके सामने ही ढह जाए।...और इस्कूल के सौचालय से लेकर सरऊ प्रिंसपलवा के कमरे तक जो गंदा-गंदा बात या गंदे चित्र दीवार पर बने हैं, उनपर तुरंत पोचाड़ा करवाइए।

[सब हँसते हैं।]

मैजिस्ट्रेट : **(कटाक्ष करते हुए)** गंदी बातें !...गंदे चित्र !! छीः...छीः ! तो यह हाल है आपके स्कूल का ?

सिविल सर्जन : अगर पोचाड़े के बाद भी पूरा नहीं छिप सके तो ऊपर से ज्यॉमेट्री के फिगर या अलजेबरा के फार्मूले लिखवा डालिए, आँखें फटी रह जाएँगी ससुरे की !

[सब ठहाका लगाते हैं।]

स्कूल इंस्पेक्टर : **(सिविल सर्जन को झिड़कते हुए)** अऽ चुप रहिए ! **(मेयर की तरफ देखकर)** यह भी तो कहा जा सकता है श्रीमान कि विद्यालय अवकाश पर है। यहाँ का यही कायदा है।

सिविल सर्जन : बिल्कुल, और यह भी कि स्कूल इंस्पेक्टर मिस जूली के ऊपर शिमला में कुछ रिसर्च कर रहे हैं। कैसा

रहेगा ?

[सब हँसते हैं।]

स्कूल इंस्पेक्टर : जिनके स्वयं के घर शीशे के होते हैं, वे दूसरों के घरों पर पत्थर नहीं मारते, सिविल सर्जन साहब !

मेयर : सुनिए, राजकुमार का डाइलोग मत मारिये (**नर्म पड़कर**)...देखिए, इंस्पेक्सन वगैरह कोई भारी चीज नहीं है...(**सोचते हुए**) लेकिन भेस बदलकर ? मान लीजिए हम लोग यहाँ बैठे हैं...अचानक दरबजवा खटखटाये, और साला अफसरवा घुसकर बोले—अच्छा तो यह सब प्लानिंग हो रहा है यहाँ !...बोलिए ...जरा सोचिए !

[तीनों घबरा जाते हैं।]

मेयर : (**दर्प के साथ**) ...हूँऽ...हूँऽ...इसीलिए कहते हैं कि आपस का झगड़ा बंद कीजिए और पड़ताली अफसर के आने के पहले, सब सुधार लीजिए।

[बाहर दरवाजे पर दस्तक होती है। सब भयभीत-से सोफे और कुर्सियों के पीछे छिपने का प्रयास करते हैं।]

मेयर : (**टेबल के नीचे से**) ...ग...ग...गजब के डरपोक हैं आप लोग, अरे जरा देखिए मास्टर साहब...कौन है ?

[डरते हुए स्कूल इंस्पेक्टर धीरे से दरवाजा खोलते हैं और झिर्री में से झाँकते हुए हकलाते हैं।]

स्कूल इंस्पेक्टर : क...क...कौन ?

[पोस्टमास्टर का चेहरा दिखाई देता है।]

पोस्टमास्टर : हम हैं पोस्टमास्टर। आँय बाप ! इतना घबरा क्यों गए ?

[अंदर आ जाते हैं।]

मेयर : (**डाँटकर**) पहले दरबजवा बंद करिए...बंद करिए दरबाजा ! एकदमे सेंस नहीं है !

[पोस्टमास्टर घबड़ाकर दरवाजा बंद कर देते हैं।]

मेयर : समाचार मिल गया है न ?

पोस्टमास्टर : जी, सुबह-सुबह चिलमची मियाँ से पता चला है...

[पोस्टमास्टर बैठ जाते हैं।]

मेयर : (टोककर) इस जाँच पर आपका आइडिया का कहता है ?

पोस्टमास्टर : निश्चित रूप से इसमें अमेरिका का हाथ है। (धीरे से) या...फिर जनता ने लिखित रूप में कम्पलेन कर दिया है सर...!

मेयर : हो सकता है...लेकिन हम किसी से नहीं डरते हैं। सामाजिक न्याय का हमारा तरीका थोड़ा-बहुत लटपट भले हो, पर हमारी निष्ठा का ईस्वर साक्षी है। तब है कि इतने बड़े अफसर के नाम से घबराहट होना एक नेचुरल बात है।

मैजिस्ट्रेट : और घबराहट में अक्सर जुबान से सच बात ही स्लिप कर जाती है।

मेयर : कम से कम अपना जुबान स्लिप मत होने दीजिएगा। देखिए पोस्टमास्टर साहब, हम सबके हक में जरूरी है कि सहर से बाहर जाने वाला हर लेटर आप खोलकर देखें। अगर उसमें हम लोगों के खिलाफ कोई कम्पलेन हो तो उसको अग्नि-देव के हवाले करें...

पोस्टमास्टर : ई कौन भारी बात है...कितना मनीऑर्डर हमारे टेबुल के आगे बढ़ा ही नहीं...और लेटर खोलकर पढ़ना, तो हमारी पुरानी आदत रही है साहब !

मेयर : कोई ऐसा चिट्ठी तो नहीं देखे जिसमें इस खतरे का जिक्र हो ?

पोस्टमास्टर : ध्यान तो नहीं आता है मेयर साहब, लेकिन आपकी विरोधी पार्टी के मुछिन्दर लाल की एक चिट्ठी रखी है...बनारस की किसी मुन्नी बाई के नाम से। अहा ...हा...क्या नमकीन चिट्ठी है...पढ़ना चाहेंगे ?

[चिट्ठी जेब से निकालकर दिखाते हैं, मेयर लपककर छीन लेते हैं।]

मेयर : **(बौखलाकर)** मुन्नी बाई और मुछिन्दर लाल ! **(चिट्ठी पढ़ते हैं...हाथ से चिट्ठी गिर जाती है।)** हाय रे मुन्नी बाई ! साला मुछिन्दरा हरामजादा !...जरा इंस्पेक्सन खत्म हो जाये, तुम दोनों को देख लेंगे मुन्नी बाई !

मैजिस्ट्रेट : **(पोस्टमास्टर को डाँटते हुए)** यह कोई वक्त था चिट्ठी दिखाने का ?

स्कूल इंस्पेक्टर : **(गम्भीर मुद्रा में)** श्रीमान को विचलित कर आपने उचित नहीं किया महोदय !

पोस्टमास्टर : **(गुस्से में)** ज्यादा पॉलिटिक्स मत खोलिए...ठीक नहीं होगा...

स्कूल इंस्पेक्टर : **(पोस्टमास्टर से)** शिव-शिव...आपके ओछे आचरण से क्या धारणा बनेगी—जाँच-अधिकारी की ? विचार कीजिए...वे सचमुच आ गए अगर तो ?

मेयर : **(घबराहट में)** अगर-मगर नहीं, आ गया समझिए। आप लोग बक-बक करते रहिए, पता भी नहीं चलेगा, कब पर्दा हिला और जाँच-अधिकारी अंदर।

[पुनः दरवाजे पर जोर से खट-खट होती है।]

मेयर : **(घबराकर स्कूल इंस्पेक्टर से)** देखकर खोलिएगा...जरा सावधानी से।

स्कूल इंस्पेक्टर : **(हाथ बाँधकर)** कदापि नहीं, इस बार सिविल सर्जन साहब की बारी है।

[बाहर से जोरों की खटखटाहट और लोटा परसाद व चिलमची मियाँ की आवाज आती है।]

आवाज़ : अरे भाई, हम लोग हैं ! जल्दी खोलिये मेयर साहब !

मेयर : **(मुँह बिचकाकर)** दुर ! ई तो चिलमची मियाँ और पंडित लोटा परसाद हैं।

[दरवाजा खुलता है। दोनों का प्रवेश।]

मेयर : (डाँटकर) पीट-पीट कर दरवाजा ही तोड़ डालिये ! ईडियट !...आपदोनों का प्रोब्लम क्या है ?

लोटा परसाद : बड़ी बुरी खबर है मेयर साहब...भगवान के लिए अब समय बर्बाद मत कीजिये !

सब लोग : (पूछते हैं) क्या हुआ ?

चिलमची मियाँ : न ही पूछिए तो बेहतर होगा...

सब लोग : अरे हुआ क्या ?

लोटा परसाद : पूछिए, क्या नहीं हुआ...

चिलमची मियाँ : अब बचा ही क्या है ! इसी पर एक शेर अर्ज है ...वो कुछ इस तरह...

मेयर : खामोश !...कुछ फूटेगा मुँह से कि बस रेंकते रहिएगा ?

लोटा परसाद : सुनिए—अरे हमसे सुनिए, सवेरे कुछ ऐसी घटना घटी कि हमें ऐसे ही घर से निकलना पड़ा... फिर कुछ घटनाओं के बाद हम दोनों कहीं पर पहुँचे...

चिलमची मियाँ : (टोकते हुए) क्या गोल-गोल जलेबियाँ छान रहे हैं...अमाँ सीधे क्यों नहीं कहते कि हम आपको लेकर होटल फाईवस्टार पहुँचे...

लोटा परसाद : (गुस्से में) देखिये, हम जब भी बोलना शुरू करते हैं, आप भट से बीच में कूद जाते हैं।

चिलमची मियाँ : भई, आपके बताने का तरीका बिलकुल बचकाना है।

लोटा परसाद : लेकिन आप भूल जाते हैं कि जब सेठ दमड़ी लाल की जवान बीवी अपने ड्राइवर के साथ भागी थी, तो शहर में सबसे पहले हमने ही...

मेयर : बकवास बंद कीजिए, तमासा बना रखे हैं।

चिलमची मियाँ : हें-हें, शुक्रिया मेयर साहब !...तो साहेबान, मैं शुरू से सुनाता हूँ। अहले सुबह, आपसे पड़ताली अफसर की

खतरनाक खबर सुनकर मैंने पोस्टमास्टर को...**(पोस्टमास्टर को देखते हुए)** जनाब, ठीक कहा न...इनको खबरदार किया, फिर कोतवाल साहब को बताने गया...**(लोटा परसाद को देखकर)** टोकिएगा मत...लेकिन वह किसी मामले से लिपटकर...सो रहे थे...वहाँ से वापस आ रहा था कि देखा, दूर से एक भिखमंगा हमें रुकने का इशारा कर रहा है...बड़ी नाजुक हालत थी साहब... बहरहाल हम रुक गए...नजदीक पहुँचे तो देखा, पंडित लोटा परसाद थे। हमने कहा—मियाँ, यह क्या हाल बना रखा है ? इन्होंने खुलासा किया कि बीवी से सुबह-सुबह हाथापाई हो गई थी और जनाब पिट-पिटाकर...

लोटा परसाद : हमारी एक पिटाई पर बहुत झूम रहे हैं—और आप जो चार-चार से पिटते हैं, सो याद नहीं...?

चिलमची मियाँ : टोकिए मत...और मियाँ, हद से गुजर रहे हैं आप।

मैजिस्ट्रेट : **(माथा नोचते हुए)** हम तो पागल हो जायेंगे...बाप रे बाप !

चिलमची मियाँ : लीजिए...अब ये भी टोकने लगे।

मेयर : **(चिलमची मियाँ की गर्दन पकड़ते हुए)** अब जो भूमिका बाँधे तो नरेटीए (गर्दन) टीप देंगे।

चिलमची मियाँ : हाँ...हाँ...गजब करते हैं जनाब...जरा दम तो ले लें ...खैर साहब, लोटा परसाद घरेलू हादसे का शिकार होकर भूखे-प्यासे घर से निकल पड़े थे...सो इनकी हालत पर तरस खाकर हम इन्हें लंच के लिए होटल फाईवस्टार लिये गए...हमने खाना शुरू ही किया था कि देखा, एक लंबा-चौड़ा रौबदार नौजवान...

लोटा परसाद : जींस की पतलून और काला चश्मा...

चिलमची मियाँ : **(लोटा परसाद की ओर देखकर)** भई, आप लगातार टोक रहे हैं...हाँ, तो एक लंबा-चौड़ा नौजवान—हमें बड़े गौर

से देख रहा था, जैसे कोई गहरी बात ताड़ रहा हो। मैंने लोटा परसाद से कहा—लगता है यही है, हम लोग दौड़े-दौड़े मैनेजर के पास गए और उस आदमी के बारे में पूछा।

मेयर : मैनेजर का बोला ?

चिलमची मियाँ : बोला कि दिल्ली से आया है...दो हफ्ते से रह रहा है। शक्की मिजाज और बात-बात पर बिगड़ना...न रहने का पैसा देता है, न खाने का...सब उधार-खाते में जा रहा है...तो मेयर साहब, यह सुनकर तो मैं उछल पड़ा। मैंने फौरन लोटा परसाद से कहा—भई लोटा, मिल गया, मिल गया, यही है वह ...भेस बदलकर...।

मेयर : (चिढ़कर) अरे बाबा ! कौन मिल गया ?

सिविल सर्जन : हाँ...हाँ, किस भेस-बदलू की बात कर रहे हैं आप ?

चिलमची मियाँ : कमाल करते हैं ! अजी कमाल करते हैं आप लोग! भूल गए ! अरे जनाब, दिल्ली से आया हाकिम, जाँच-अधिकारी !

[सब लोग घबरा जाते हैं।]

मेयर : (हकलाते हुए) नहीं, नहीं ! ऊ नहीं हो सकता...ऊ कहाँ से होगा साहब ?

[सब लोग एक-दूसरे की तरफ देखते हैं और आधे विश्वास के साथ गर्दन हिलाते हैं।]

लोटा परसाद : वही है हजूर...जरा बात की नब्ज पकड़िये !...होटल में मुफ्तखोरी, ऊपर से सीनाजोरी !!

चिलमची मियाँ : यह खसूसियत बड़े अफसरों की ही होती है जनाब ! फिर उसने जिस पैनी निगाह से हम लोगों को देखा था...ओ-हो-हो-हो, मत कहिए—वल्लाह ! भूखे शेर सी नजर थी...यानी कि मेरा तो...पाजामा भी जरा-सा गीला हो गया था। ही...ही....ही...!

लोटा परसाद : फिर झूठ...ज्यादा हाँकिये मत। वह पैजामा आपका नहीं, मेरा था।

चिलमची मियाँ : अच्छा भई, आपका ही था, बस ! कहो तो अभी लौटा दूँ...

मेयर : **(रुआँसे होकर)** अगर वही है तो भगवान ही पार लगाये। कमरा नंबर भी पता किए ?

चिलमची मियाँ : दस नम्बर। नीचे दाएँ जाकर बाएँ।

लोटा परसाद : जिसमें पिछले साल ऊऽ सब धराई थी...

मेयर : कब से आया हुआ है जी ?

चिलमची मियाँ : दो हफ्ते से।

मेयर : हे भगवान ! इस बीच तो बहुत लापरवाही से काम हुआ है।

स्कूल इंस्पेक्टर : संभवतः इसी काल में ट्रेजरी से पचास हजार निकालकर आपने स्टेट बैंक की प्रतिभूतियाँ—मेरा मतलब है, शेयर खरीदे थे श्रीमान !

मेयर : **(चिढ़कर)** कोई खुसी से नहीं खरीदे थे, फैमिली का दवाब था।

मैजिस्ट्रेट : **(कटाक्ष से)** काफी गुदगुदा दबाव रहा होगा...क्यों ?

मेयर : देखिए, ज्यादा भचर-भचर मत कीजिए। **(याद करते हुए)** हाँ, इस बीच हलवाई संघ वाले यह बिलायती 'टी सेट' दे गए थे...ससुरों को इसी समय देना था।

मैजिस्ट्रेट : कौन-सा सेट ?

मेयर : जिसमें आप लोग चहवा पी रहे हैं।

[सब जल्दी से मुँह पोंछते हैं और कप को कपड़े से रगड़ने लगते हैं।]

मेयर : अरे रे रे !...ई क्या कर रहे हैं ?

सब : फिंगर-प्रिंट मिटा रहे हैं हजूर !

मेयर : **(सोचते हुए)** साले को बँधवा कर गोसाला में धरवा देते हैं...

सिविल सर्जन : **(साहस करके)** हमारी मानिये तो हमलोगों को तुरंत गुलदस्ते वगैरह लेकर अफसर जी के होटल चलना चाहिये।

मेयर : हम अकेले ही जाते हैं। आप लोग धुर्वा **(महामूर्ख)** जैसा उलटा-पुलटा बात कर दीजिएगा...मैटरवे बिगड़ जाएगा। **(चिलमची मियाँ से)** नाम भी पता किये, कौन जात है ?

चिलमची मियाँ : लिखता तो कुमार है।

मैजिस्ट्रेट : कुमार से क्या निकलेगा ! कुमार तो ब्राह्मण, लाला, राजपूत, कोयरी, बाभन, कुरमी, चमार सब लिखता है।

लोटा परसाद : नहीं-नहीं, देखने से हुजूर की जात का ही लगा।

मेयर : ठीक है...ठीक है।...देखिए...आप लोग सब फिट-फाट कराइए...हम कुछ जुगाड़ लगाकर हाकिम से मिलने का प्रयास करते हैं। **(इशारा करके)** एक आदमी चले मेरे साथ।

[चिलमची मियाँ और लोटा परसाद दोनों लपकते हैं।]

मेयर : **(आवाज देते हैं)** गोबर सिंह !

गोबर सिंह : हुजूर !

मेयर : देखो, ई कप-प्लेट समेटकर गोबर में छिपा दो...। और ड्राइवर को बोलो, गाड़ी निकाले...

गोबर सिंह : जीऽऽ...ऊ तो मेम साहब और बेबी जी ब्यूटी पार्लर लेकर चली गई हैं।

मेयर : **(चिल्लाकर)** कपार फोड़ लें अपना...सब लोग बौड़ा गया है। दौड़कर जाओ, और जल्दी से एक ठो रिक्सा पकड़ कर लाओ।

[गोबर सिंह जाता है। कोतवाल का प्रवेश]

मेयर : **(व्यंग्य से)** सबेरा हो गया ?

कोतवाल : **(शरमाते हुए)** रात भर एगो केस निपटा रहे थे हुजूर !

मेयर : (टोककर) कुछ खबर है ? जाँच-अधिकारी आ गए।

कोतवाल : आ गए ? पहुँच गए ?

मेयर : जी, पहुँच गए और आप को हवा तक नहीं है ! अपने खुफिया विभाग को बुलाकर गाली दीजिए। खाली माल खाते-खाते मोटा रहा है सब।

कोतवाल : ई तो भारी प्रोब्लम हो गया।

मेयर : अब तनी जल्दी से बढ़ियाँ-बढ़ियाँ सिपाही छाँटकर सहर में लगवा दीजिए। ध्यान रहे, तोंद नहीं हो। डिपार्टमेंट में न मिले, तो होमगार्ड से ले लीजिएगा।

कोतवाल : जी !

मेयर : इधर सुनिए (**अलग ले जाकर**) ट्रेजरी में पचास हजार घट रहा है, व्यापारी लोग से आज ही वसूल लीजिएगा...

कोतवाल : एक घंटा काफी है...

मेयर : अब जाइए और बाहर से सफाई अधिकारी को भेज दीजिए और देखिए, (**इशारा करते हुए**) आपके पैंट का बटन टूटा हुआ है। ठीक कराइए।

[कोतवाल घबराकर टूटा बटन ढकता है।]

मेयर : जाइए।

[कोतवाल का प्रस्थान। सफाई अधिकारी अंदर आता है।]

मेयर : हुँमऽऽऽ....तो आप सफाई अधिकारी हैं ?

सफाई अधिकारी : जी !

मेयर : कुछ अपने सफाई का भी ख्याल रखिए। कभी-कभी प्रयास करके नहा लिया कीजिए...स्टेसन-रोड के जैसा गमक रहे हैं।

सफाई अधिकारी : (**हाथ जोड़कर**) रोज नहाते हैं हुजूर...लेकिन हमारे मोहल्ले में पीने का पानी और सीवर का मैला एक ही पाइप से आता-जाता है साहब !

स्कूल इंस्पेक्टर : एक ही पाइप से ! अर्थात् खर्चे आधे !! यह तो चमत्कार है। विज्ञान ने भी कितनी दूर तक तरक्की कर ली है श्रीमान !

सिविल सर्जन : इसमें चमत्कृत होने की कौन-सी बात है ? पटना में तो यह प्रयोग सालों से बखूबी आजमाया जा रहा है।

मेयर : अच्छा, साइंस पर बाद में बतिआइएगा...वक्त कम है, जल्दी से सुन लीजिए। सहर में जितना कूड़ा-करकट है सबको किसी ऊँचा दीवार के पीछे, जैसे नाट्य कला मंदिर के अहाते में, या महाबोधी टेंपल के तरफ फेंकवा दीजिए...सब मुलाजिमों को ताकीद करवा दीजिए कि अगर हाकिम हाल-चाल पूछेगा, तो सब लोग खट से बोलेगा–मेयर साहब की कृपा से बहुत आनन्द में हैं। बाद में ऐसे लोगों को ईनाम दिया जाएगा।

सफाई अधिकारी: जी सर !

मैजिस्ट्रेट : करेजा में धक्-धक् हो रहा है...

सिविल सर्जन : यहाँ भी हुक्-हुक् लगा हुआ है भाई !

मेयर : **(सबसे)** आप लोग बैठकर नौटंकी करते रहिएगा कि निकलिएगा ? **(लोटा परसाद की ओर देखकर)** लोटा परसाद, आप चलिए हमारे साथ।

[लोटा परसाद चिलमची मियाँ की तरफ विजयी भाव से देखते हैं।]

चिलमची मियाँ : **(प्रयास करते हैं)** हमको भी उधर ही जाना है न, तो हम भी चलते हैं आपके साथ।

मेयर : एक रिक्सा पर कै आदमी अँटेगा ?

चिलमची मियाँ : रिक्शा हाँकने वाले के साथ एडजस्ट कर लेंगे हुजूर !

मेयर : जाकर दिमाग का पेंच कसवाइए...पागल कहीं का !

(लोटा परसाद की ओर देखकर) चलिए, लोटा परसाद !

[दोनों का प्रस्थान।

चिलमची मियाँ चिढ़कर दर्शकों की तरफ घूमते हैं, और बोलते हैं :]

चिलमची मियाँ : **(दर्शकों की तरफ देखकर)** देखा ! बड़ा सेक्यूलर बना फिरता था। फिरकापरस्त कहीं का !

[गोबर सिंह एक डिब्बे में कप-प्लेट समेटता है। बाकी लोग चिलमची मियाँ को चिढ़ाते हैं। वह बमककर सबको छड़ी से हाँकते हुए ले जाते हैं।]

दूसरा अंक

[स्थान : होटल का खस्ताहाल कमरा। समय : दिन के दो बजे। कमरे में एक युवक (कुमार) दरवाजे की तरफ पीठ करके बैठा है। सिगरेट खोज रहा है। सिगरेट का डब्बा खाली है। जेब टटोलता है। मात्र पाँच-पाँच के दो नोट हैं। फेंके जले सिगरेट के टुकड़े तलाश कर पीता है, फिर चिढ़कर बुझा देता है।]

कुमार : (स्वयं से) बीस दिन हो गए दिल्ली छोड़े। क्या लाइफ है ! कहीं वेश बदलकर रहिए, तो कहीं नाम छिपाते चलिए। दिल्ली तार भी नहीं कर सकता। सारा भेद खुल जाएगा। एक छोटी-सी भूल और इतनी बड़ी सजा !

[कमरे में होटल का बेयरा आता है। ललाट पर चंदन का तिलक है। कमरे की गंदी हालत देखकर कुमार को घृणित भाव से घूरता है और उसके निकट जाने से बचते हुए बिस्तर पर चादर और तौलिया गिराते हुए बोलता है:]

बेयरा : अपने बदल लीजिएगा।

कुमार : अरे उस्ताद, फटाफट खाना भिजवाओ। और सुनो, तब तक एक बीड़ी तो पिलाओ।

[अर्थपूर्ण तरीके से हँसते हुए बीड़ी देता है।]

बेयरा : आपका भोजन तो संभव नहीं है।

कुमार : क्या बकते हो !

बेयरा : बकना-उकना मत बोलिए। मनीजर साहब ने आर्डर पास किया है—चाहे तो आप नकदी निकालिए, नहीं

तो भोजन पर कर्फ्यू रहेगा।

कुमार : आखिर वह क्या समझता है मुझे ?

बेयरा : **(व्यंग-भरे स्वर में)** जो आप हैं—मुफ्तखोर ! अरे, ऊ तो ई भी कह रहे थे कि गज्जू बाबू के पास जाकर शिकायत करेंगे।

कुमार : गज्जू बाबू ! यह किस जानवर का नाम है भई ?

बेयरा : शऽऽ जानवर नहीं...हियाँ के मेयर साहब, बहुत खतरेनाक आदमी हैं...जीऽऽ...।

कुमार : **(ऊबकर)** अच्छा-अच्छा, भाषण बंद करो। पेट में चूहे कूद रहे हैं। जाओ, एक बार फिर ट्राई करो।

बेयरा : ए साहब, हम मनीजर को यहीं बुला लाते हैं, अपने बतिया लीजिएगा।

कुमार : **(क्रोधित होकर)** मैं उस बदजुबान के मुँह नहीं लगना चाहता। अब तुम जाते हो या मैं नया रंग दिखाऊँ ?

बेयरा : **(बिगड़कर)** रंग दिखाइएगा, तो दिखाइए न साहब !

कुमार : **(नर्म पड़कर, पाँच रुपये का नोट देता है)** अब तुम भी क्या कहोगे दोस्त ! फटाफट जाओ और खाना भिजवाओ।

[बेयरा जाता है।]

कुमार : **(स्वयं से)** होटल फाईवस्टार ! हुँह ! नाम से धोखा खा गया मैं।...पर किया भी क्या जाये, जेब में बस यही पाँच का नोट बचा है...सत्यानास हो उस छप्पन-छुरी का...! अरे, ठगों की रानी थी साहब ठगों की रानी ! **(मुड़कर दरवाजे की ओर देखता है)** कमबख्त कहाँ मर गया ?

[बेयरा खाना लेकर आता है।]

कुमार : थैंक्यू दोस्त !

बेयरा : मनीजर साहब तो खड़े उखड़ गए। ई हम अपने हिस्सा का ला रहे हैं।

कुमार : एक बात है दोस्त, आदमी काम के हो। टिप-विप तो अच्छी कमा लेते होगे ?

बेयरा : **(कुमार को देखते हुए)** कोई-कोई कस्टमर भारी लिच्चड़ होता है। सिरिफ पाँच रुपया देता है...।

कुमार : हें...हें...हें...मजाक भी कर लेते हो, बहुत सुन्दर !

[कुमार भोजन की तरफ देखता है।]

कुमार : **(छनककर)** यह क्या, दाल-रोटी और परवल की सब्जी ? यह जानवरों का खाना खिलाओगे मुझे ?

बेयरा : ए साहब, हमारे भोजन का अईसन इन्सल्ट कीजिएगा न, तो वापस ले जायेंगे।

[बेयरा खाने का सामान उठाने लगता है।]

कुमार : अरे-रे-रे, ठहरो मित्र ! देखो बाकी चीजें भी तो लाओ ...रोगन जोश, वो मलाई कोफ्ता, वो बिरयानी।

बेयरा : **(बीच में)** ऊ सब चीज हियाँ नहीं मिलता है।

कुमार : **(चापलूसी से)** मिलता क्यों नहीं है दोस्त, थोड़ी देर पहले डाइनिंग हॉल में मैंने बड़े गौर से देखा था, दो जोकर जैसे आदमी तरह-तरह की स्वादिष्ट चीजें हड़प रहे थे।

बेयरा : जोकर ? जरा धीरे बोलिए साहब, ऊ दोनों गज्जू बाबू के खासमखास हैं, और मेयर साहब के पास जितना फार्मूला है, उसमें से एक्को इस्तेमाल हो गया न आप पर, तो च...च...च...च...ई नाजुक बदन बर्दास्त नहीं कर पायेगा।

कुमार : ज्यादा बोल रहे हो...इस सड़ियल खाने पर और कितना धमकाओगे ?

बेयरा : न पसंद है तो छोड़ दीजिए साहब...

कुमार : **(गुस्से में)** अरे यार, तुम तो हद ही कर रहे हो, कम से कम एक आइसक्रीम ही लेते आओ।

बेयरा : देखना पड़ेगा।

कुमार : अब इसमें देखना क्या है मित्र, लपककर जाओ और बढ़िया-सी आइसक्रीम चुराकर लेते आओ।

[बेयरा चला जाता है, थोड़ी देर बाद हाँफता हुआ आता है।]

कुमार : वो आइसक्रीम...?

बेयरा : (हाँफते हुए) गल गया हुजूर...पिघल गया...।

कुमार : क्या मतलब ?

बेयरा : नीचे...गज्जू बाबू...कमरा नं. दस का रास्ता पूछ रहे थे...।

कुमार : दस नं. ? यानी मेरे कमरे का !...(शक करते हुए) कहीं तुमने आइसक्रीम के बारे में तो नहीं बता दिया ?

बेयरा : देख तो लीहिन थे हुजूर, पर हम उन्हीं को थमा दिये।

कुमार : लगता है, उस मैनेजर के बच्चे ने शिकायत कर ही दी। सोचता होगा, मेयर से जान-पहचान है, तो मुझको जेल भिजवा देगा।

[मेयर और लोटा परसाद दोनों कुमार के कमरे के दरवाजे तक पहुँच चुके हैं।]

कुमार : (ऊँची आवाज) मैं भी ऐसा रूप दिखाऊँगा कि जीवन भर याद रखेगा। साले तुम एक टुटपुंजिया शहर के मेयर क्या बन गये हो, ज्यादे इतराओ मत। हम भी दिल्ली से हैं, दिल्ली से ! पी. एम., सी. एम. सब तक पहुँच है हमारी। तुम्हें तो एक मिनट में...

[मेयर और लोटा परसाद का कमरे में प्रवेश। लोटा परसाद और मेयर झटका-सा खाकर स्तम्भित रह जाते हैं। कुमार की पीठ दरवाजे की तरफ है, वह मेयर को देख नहीं पाया है।]

बेयरा : **(कुमार को बतलाते हुए)** ग...ग...गज्जू बाबू...मेयर साहब... !

कुमार : अरे क्या मेयर साहब ? तुम्हारे मेयर की ऐसी की तैसी...

मेयर : **(हाथ जोड़कर नीचे झुक जाता है)** स...स...सारी सर...क्षमा चाहते हैं, बिना परमिसन के अंदर आ गए।

[कुमार झटका खाकर उठता है, मेयर को देखकर घबरा जाता है। दोनों एक-दूसरे से दूरी बनाये रखने के प्रयास में कमरे का चक्कर काटते हैं। बेयरा घबराकर चला जाता है।]

कुमार : **(भयभीत होकर)** बट आई एम एक्सट्रीमली सॉरी सर !

मेयर : **(रुआँसा सा ऐसे बोलता है मानो अफसर उसे शिष्टाचार का सही तरीका सिखा रहा है)** जी सर,...सही कहा...बट आई एम एक्सट्रीमली सॉरी सर !

कुमार : **(आश्चर्य से)** जीऽऽ ?

मेयर : **(अचानक)** धत तेरे की !

[कुमार घबराकर चौंकता है।]

मेयर : गुड ऑफटरनून भी कहना भूल गए थे। प्रैकटिसवा नहीं न है सर, छमा किया जाए।

[मेयर की बातें सुन कुमार आश्चर्य से देखता हैं।]

कुमार : **(परेशानी में)** यह चक्कर क्या हैं ?

मेयर : हें-हें-हें ...ऐसा है, महापौर होने के नाते हम तो स्वयं नगर का डेली राउंड लगाते हैं सरकार...ताकि किसी को सिकायत बतियाने का चांस ही न मिले ...सरीफ लोगों को कोई तंग न करे...

कुमार : देखिए, मैं तो मान ही रहा हूँ...कुछ कसूर मेरा भी है...मैं होटल के बर्तन माँज कर भी पैसे चुका दूँगा ...लेकिन इनका स्टैंडर्ड भी तो देखिए। आप ही बताइए—यह खाना है या जानवरों का चारा ?

मेयर : **(हकलाकर)** च-च-चारा ! बाप कसम, चारा घोटाले में हमारा कोई हाथ नहीं है सरकार...

कुमार : होटलवालों की तरफदारी मत कीजिए ! अरे ये कम्बख्त तो आइसक्रीम तक चुराने पर मजबूर कर देते हैं...ऊपर से मैनेजर–दस तरह की धमकियाँ देता है। ...देखिए ! मैं वैसा आदमी नहीं हूँ जैसा आप समझ रहे हैं...!

मेयर : पता है कृपानिधान...हमें सब पता है...पर बिस्वास कीजिए, ! इसमें हमारा कोई दोस नहीं है हुजूर ! एक प्रार्थना है, आप चलिए हमारे साथ।

कुमार : **(शक की नजर से देखते हुए)** मैं और आपके साथ चलूँ ? कैसी मीठी-मीठी बातों में फँसाकर ले जाना चाहते हैं ?...कहाँ ? जरा मैं भी तो सुनूँ ! **(अचानक बिगड़कर)** इतनी शराफत की एक्टिंग करने की जरूरत नहीं है, जो कहना है साफ कहिए।

मेयर : अरे हुजूर ! आप तो बुरा मान गए। **(दाँत पीसकर) जरूर** दुश्मनों ने कान भर दिया है...।

कुमार : **(बिगड़कर)** कोई राइट नहीं है आपको, मैं कहीं नहीं जाऊँगा, क्या समझते हैं आप ? यह दादागीरी मुझपर नहीं चलेगी। मैं चीख-पुकार कर भीड़ जुटा लूँगा, दिल्ली तक रिपोर्ट करूँगा कि यहाँ पर क्या चल रहा है। सब देख रहा हूँ, मैं सब देख रहा हूँ।

मेयर : **(रुआँसे से)** सब देख चुके हैं !! **(गिड़गिड़ाते हुए)** रिपोर्ट मत कीजिएगा हुजूर, नहीं तो बर्बाद हो जायेंगे। दरअसल हमको ब्रेनवा कुछ कम न है... कभी-कभी घूस लेने की गलती हो जाती है, छमा किया जाए।

कुमार : घूस ?...अच्छा, तो अब समझा आपका ड्रामा।

लीजिए, यह लीजिए ...इतना ही है मेरे पास...अब आगे मुँह मत खोलिएगा।

[जेब से पाँच का नोट निकालते हुए, मेयर की तरफ बढ़ाता है।]

मेयर : आपको तो एक-एक बात का पता चल चुका है...ओह, **(स्वयं से)** अब का करें ?...**(कुमार की तरफ देखते हुए)** ...लेकिन बिस्वास करें सर, रिस्वत हमेसा दस-पाँच रुपये तक का ही लिये हैं...मतलब, एक बार खाली वी. सी. आर...**(जीभ काटकर)** सौरी...वी. सी. पी. और एगो एथी ले लिये थे, ऊ भी चौदह इंच वाला सरकार ! बाकी ट्रेजरी का मैटर या हलवाई संघ वाला बात जो सुने हैं, ऊ सब एकदम गलत है हुजूर ! सब दुस्मनों की चाल है।

कुमार : जो भी हो...पर आप मेरा कुछ नहीं बिगाड़ सकते। रहा होटल का बिल, मैं चुका दूँगा, पर अभी जेब खाली है। **(अचानक)** मैं जरा टॉयलेट से आता हूँ।

मेयर : **(लोटा परसाद से)** बाप रे बाप ! एक नम्बर का घाघ है ! ...देखे, क्या तो जेब ही खाली है। वाह !!

लोटा परसाद : अच्छा मौका है...थोड़ा चारा डालकर देखिए। हिंट दीजिए न !

मेयर : ठीक कहे...वैसे देखने से तो अपनी ही जात का लगता है...का कहते हैं ?

[कुमार टॉयलेट से आता है।]

मेयर : **(कुमार से)** अगर पैसे का प्रोब्लम है तो चिंता मत कीजिए, हम तो हैं ही आपकी सेवा में। हमारा मतलब है, आप मौका तो दीजिए हुजूर !

कुमार : मैं, भला क्यों मौका दूँ, अरे साहब, सब समझता हूँ ...कई फिल्मों में देखा है...**(लोटा परसाद को देखकर)** आप जरूर खुफिया विभाग से होंगे...क्यों ?

लोटा परसाद : कौन, हम ?

कुमार : जी हाँ, आप !...और अगर गलती से मैंने कह दिया ...कुछ रुपये दिलवाइए ना...बस, पलक झपकते आपकी यह मीठी अदा बदल जायेगी।

मेयर : क्या कह रहे हैं हुजूर...दिलवाने की क्या बात है ? ...यह रहे पूरे दो हजार...(**रुपया देते हुए**) कम लगे तो लजाइएगा मत...बेझिझक कह दीजिएगा।

कुमार : (**लोटा परसाद से पूछता है**) ले लूँ ?

[लोटा परसाद सहमति से सिर हिलाते हैं।]

कुमार : (**रुपये लेते हुए**) कमाल है ! भई कमाल है !! आप तो सज्जन पुरुष निकले ! और मैं क्या समझ बैठा था ? मेरी समझ में ही नहीं आ रहा था...होटल का बिल कैसे चुकाया जाए !

[पैसे लेकर कुमार उसे रखने के उपक्रम में कमरे की दूसरी तरफ जाता है।]

मेयर : (**नकल करते हुए**) होटल का बिल कैसे चुकाया जाए ...घूस माँगने का अच्छा तरीका निकाला है !

लोटा परसाद : फँस गया, फँस गया ! शेर जाल में फँस गया !

मेयर : (**मुस्कराकर**) देखिए, अभी ऐसे पोज करना चाहिए कि हम इसका असलियत नहीं जानते हैं।

कुमार : (**घूमकर**) अरे, आप लोग खड़े क्यों हैं ? बैठिए... बैठिए !

लोटा परसाद : (**बैठते हुए मेयर से**) लेकिन घुमा-फिरा कर बात जरूर किया जाये, तबे इसका थाह लगेगा। (**कुमार से**) और, घर कहाँ पड़ेगा...महोदय ?

मेयर : (**लोटा परसाद पर बिगड़ते हुए, उसकी नकल उतारते हुए**)... घर कहाँ पड़ेगा महोदय !...बाप-दादा का नाम भी पूछ लीजिए। एकदम देहाती के जैसा बात करते हैं। चुपचाप रहिए !

[लोटा परसाद सटक जाते हैं।]

कुमार : जी, वैसे हम लोग इधर ही के हैं। क्या है कि बाप-दादा दिल्ली में बस गए थे।

मेयर : वाह-वाह, तब क्या बात है ! ऐसा है महोदय कि हम ऊ आपरेसन कीचक वाले मेयरवा की तरह पतित तो हैं नहीं। यह तो हमारी ईमानदारी और ब्रह्मचर्ज का फल है, जो आप जैसे पहुँचे हुए आदमी से परिचय हो गया।

कुमार : आपरेशन कीचक ! मैं कुछ समझा नहीं ?

मेयर : **(मुस्कराते हुए पलकें झपकाते हैं)** पर हम समझ गए ...इस गोपनीय मैटर पर हमें चर्चा नहीं करनी चाहिए थी...छमा करें। और श्रीमान, कहाँ-कहाँ घूमने का इरादा है ?

कुमार : अरे साहब, घूमना कैसा ! हमारा तो जॉब ही ऐसा है कि आज यहाँ, कल वहाँ, ऊपर से कोर्ट-कचहरी की चिंता।

लोटा परसाद : **(मेयर को कोहनी मारकर)** यह देखिए, क्या बोले थे हम ?

कुमार : कुछ कहा आपने ?

मेयर : **(घबड़ाकर)** क्या खूब कहा आपने, चिंता-चिंता...अब हम को ही देख लीजिए, हम तो नेता न हैं, मारे चिंता के खाने-पीने तक का होस नहीं रहता है, लेकिन बड़ाई करना तो दूर, उलटे लोग हुजूर से हमारी सिकायत करते हैं। **(इधर-उधर देखकर)** इस कमरे में तो बहुत गंदगी है...**(सूँघते हुए)** लगता है कमोडवा में पानी भी नहीं आता है।

कुमार : मत पूछिए। बहुत खराब हालत है।

मेयर : इसमें तो हवा और लाइट का भी प्रोब्लम है।

कुमार : कितनी बार मैनेजर को कहा पर वह तो मिसबिहेव

करता है साहब...।

मेयर : **(गुस्से में)** हम आज ही उसकी छौंड़ी को उठवा लेते हैं ...**(सँभलकर)** अ-हमारा मतलब, हम आज ही उसको दुरुस्त करवाते हैं श्रीमान !...कृपानिधान...हम कुछ कहने का साहस....**(जीभ काटकर)** नहीं-नहीं, रहने दीजिए।

कुमार : अजी बेशर्मी से कहिये !

मेयर : नहीं-नहीं, कहाँ राजा भोज और कहाँ गंगुआ तेली ! ...हमको तो यह बात सोचना भी नहीं चाहिए...

कुमार : एक बार कहकर तो देखिए।

मेयर : हमरी कोठी में एक बड़ा सा एयर-कंडीसण्ड कमरा विद अटैच्ड बाथरूम...टाइल भी लगा हुआ है सरकार **(मुँह पर हाथ रखते हुए)** ...अरे नहीं...नहीं...इस अपराध के लिए छमा कीजिए।

कुमार : मतलब, आप चाहते हैं, मैं आपके घर चलूँ ?

मेयर : देखिए, हमारी बात को अदरवाइज मत लीजिएगा। मन में विचार आया था, मुँह से स्लिप कर गया। सिंपल आदमी न हैं...

कुमार : भला मुझे क्या एतराज होगा !...लेकिन मैं नान वेजीटेरियन हूँ।

मेयर : कोई प्रोब्लम नहीं है सरकार **(अचानक अभिभूत होकर)** ओह, थैंक यू सर...थैंक यू...**(हाथ जोड़कर)** अतिथि देवो भवः। देखिए, प्लीज, इसको बटरिंग मत समझिएगा। ऊपर से आप जैसा महान अतिथि हो, तो सोना में सुहागा ही न हुआ हुजूर !

कुमार : बाई द वे...किस ब्रॉंड की पीते हैं आप लोग ?

[मैनेजर बिल लेकर आता है।]

मैनेजर : यह रहा आपका आज तक का बिल। **(मेयर से शिकायत के लहजे में)** इन साहब के बारे में आपको

रिपोर्ट करने ही वाले थे हजूर...इनकी पिछाड़ी में पेट्रोल वाला फार्मूला ही इनको दुरुस्त कर सकता है।

मेयर : **(तमतमाते हुए, मैनेजर का टेंटुआ पकड़कर)** अरे कमीना, साहब के आगे हमारा इम्प्रेसन बिगाड़ता है रे ! साले जिन्दा गाड़ देंगे...।

मैनेजर : **(हकलाकर)**...ई....क...का कर रहे हैं सरकार ?

मेयर : **(गुस्से में मैनेजर को झकझोरते हुए)** माफी माँगो... इडियट !

मैनेजर : **(घबराहट में)** माफ किया जाए, साहब !

मेयर : **(होटल का बिल फाड़ते हुए)** ऐसे नहीं, जमीन पर लेटकर। अतिथि से बिल माँगता है बद्‌तमीज...? पूरे सहर का नाक कटवा दिया, लालची कहीं का !

[माफी माँगकर मैनेजर भाग जाता है।]

कुमार : बिलकुल सही किया आपने। जरा सा भी कायदा नहीं है, इन लोगों में।

मेयर : यह तो हर देसभक्त का कर्तव्य है श्रीमान ! **(रुककर)** आप सहर की जाँच-पड़ताल कब करना चाहेंगे ?

कुमार : कैसी जाँच-पड़ताल ?

मेयर : खूब मजाक करते हैं आप ! हमारा मतलब है, आप बेकार कष्ट उठा रहे हैं हुजूर...! अरे, हम लोग तो स्वयं सब कुछ दिखाने को तैयार हैं...दोनों पक्षों की बात जानने के बाद ही न उचित फैसला कर पाइएगा श्रीमान !

कुमार : **(मेयर को चिकोटी काटते हुए)** वाह ! कितने दिलचस्प इन्सान हैं आप ! जज बनने में मुझे भी बड़ा आनंद आता है।

मेयर : अगर आपको प्रोब्लम नहीं है तो पहले नगर की जेनरल टूर पर चलते हैं, फिर अस्पताल, और भोजन

भी वहीं कर लेंगे।

कुमार : भोजन ? अस्पताल में ?

मेयर : सिविल सर्जन के घर पर श्रीमान।

कुमार : पर मैं तो उन्हें जानता तक नहीं।

मेयर : **(घबराकर)** अगर हुजूर को खास कारणों से एतराज है तो डिनर कहीं और...

कुमार : नहीं-नहीं, जहाँ आप ठीक समझें...आई एम फुल्ली एट योर डिस्पोजल नाऊ...मैं जरा फटाफट पैकिंग कर लूँ।

[कुमार पैकिंग में लग जाता है। मेयर एक कागज पर जल्दी से कुछ लिखते हैं।]

मेयर : **(लोटा परसाद से)** अब आप यहाँ से देह हिलाइए। नीचे से फोन करके एक गाड़ी मँगवाइए। जाकर सिविल सर्जन को सावधान कीजिए ...उनके बारे में इसको डाउट है...किसी तरह से इंस्पेक्सन पार लगा लें...और वाइफ को यह चिट्ठी दे दीजिएगा। बढ़िया से स्वागत के लिए तैयार रहे। दौड़कर जाइए।

[लोटा परसाद जाते हैं। अचानक चापलूसी से मुस्कुराते, चिलमची मियाँ भीतर आकर अनभिज्ञ से मेयर के पीछे खड़े हो जाते हैं।]

कुमार : **(उन्हें लोटा परसाद समझकर, अचरज से)** अरे ! अचानक सूरत कैसे बदल गई है आपकी ?

[मेयर भी पीछे मुड़कर चौंकते हैं, और गुस्से से देखते हैं।]

चिलमची मियाँ : **(आँखें झपकाते हुए)** सूरत तो हुजूर ने बदल रखी है, और हमें कहते हैं। ...हें...हें...बन्दा तो आपके दीदार को आया था। इस नाचीज को चिलमची...

मेयर : **(डाँटते हुए)** बकवास बंद कीजिए। **(कुमार से)** चला जाए, सर !

[कुमार आगे बढ़ता है, पीछे मेयर चिलमची मियाँ से कहते हैं :]

मेयर : जरा-सा भी सब्र नहीं है...मुँह लटक गया न लोटा जैसा।

चिलमची मियाँ : ऊँहुँ...लोटा नहीं....लोटा नहीं, चिलमची हुजूर !

मेयर : (बिगड़कर) चुप !

[चिलमची मियाँ मुँह बना लेते हैं। सब बाहर निकलते हैं।]

तृतीय अंक

[स्थान : मेयर साहब का बँगला। समय : संध्या सात बजे। सजी-धजी इमरती देवी और बेबी का बैठक में प्रवेश :]

इमरती देवी : (**चिंतामग्न**) ऊ बाल काटने वाली पतरकी छौंड़ी को देखी ? संकटा परसाद की जनाना से जान-पहचान में मनबढ़ू होती जा रही है...।

बेबी : क्या कर दिया उसने मम्मी ?

इमरती देवी : आज हमको खूब झुककर परनाम नहीं की...देखी नहीं थी ?

बेबी : ओफ् ओह ! अब क्या जापानी स्टाइल में झुकती ? या कहो कि साष्टांग पसर ही जाती ? तुम भी हद करती हो मम्मी...छोटी-छोटी बातों पर इतना ध्यान नहीं देते...।

इमरती देवी : छोटा बात ! यही सब छोटा-छोटा बात एक दिन करेजा का टी.बी. बन जाएगा...ई राजनीति है, तुम नहीं बूझोगी मूरख !

[झूलन का प्रवेश]

झूलन : साहब यह चिट्ठी भिजवाये थे, मल्कीनी !

इमरती देवी : (**चिट्ठी बेबी की तरफ बढ़ाते हुए**) ऐ, तुम पढ़ो।

बेबी : (**चिढ़ में**) क्यों ? खुद ही पढ़ लो।...मैं तो मूरख हूँ न !

इमरती देवी : यही तरीका है माय से बतिआने का, आँय ? बहस मत करो...(**मिन्नत करते हुए**) पढ़ दो न बेटा...!

बेबी : **(चिट्ठी पढ़ती है)** प्यारी इमरती, दिल्ली वाले अफसर आ गए हैं, देखने में तो नौजवान ही हैं...**(बेबी स्वतः पुलकित होकर)** अक्षय कुमार जैसा होगा...!

इमरती देवी : लटर-पटर मत बोलो बेबी...।

बेबी : **(आगे पढ़ती है)** पर भयंकर रौब-दाब वाले और बहुत गम्भीर...

इमरती देवी : **(खुश होकर)** सच्चे...और का लिखा है ? जल्दी पढ़ो ना !

बेबी : **(मुँह बनाकर पढ़ती है)** खैर, भगवान की किरपा से मामला पट गया है। अफसर को ठहराने का बढ़िया इंतजाम कर देना। हम लोग सिविल सर्जन के यहाँ से खाकर ही आयेंगे, फिर भी पूरी तैय्यारी रखना ...तुम्हारा–बेबी का पापा।

इमरती देवी : मेयर हो गए, बाकी माथा में गोबर भरा हुआ है। इतना बड़ा अफसर से लगे सबको मिलवाने। बाद में कोई इनको भैलू देगा ?

बेबी : बेकार परेशान हो रही हो मम्मी ?...पापा सोच-समझकर ही ले गए होंगे।

इमरती देवी : हाँ, सब ज्ञान तो तुम्हीं को है !...झूलना...अरे झूलना !

झूलन : जी, मल्कीनी !

इमरती देवी : देखो, तनी ऊ कमरवा को टिप-टौप कर दो और हियाँ का सफाई भी। जरा जल्दी।

झूलन : फिन से आपके भइया जी पधार रहे हैं का मल्कीनी ?...पिछले टाइम हमारा जुतवे पार कर दीहिन...

[इमरती देवी गुस्से से झूलन को देखती है।]

झूलन : गुस्सा मत हो, मल्कीनी ! हमारा दिल बहुत कमजोर है। जा रहे हैं।

इमरती देवी : अब हम लोग को जल्दी से तैयार हो जाना चाहिए, बेबी !

बेबी : अभी तो ब्यूटी पार्लर से तैयार हो के आए हैं।

इमरती देवी : बहस मत करो। तैयार हैं तो उससे क्या ? अफसर दिल्ली से आया है। हुआँ तो उसकी बुढ़िया दादी भी घंटा-घंटा में मेकअप बदलती होगी। ई मत हो कि हम लोगों को एकदमे गंवार समझ ले। जल्दी करो बेटा !

[इमरती देवी भीतर जाती है। बेबी जल्दी से इधर-उधर ताक कर आँखें बंद करती है और गणेश जी के चित्र के आगे हाथ जोड़कर प्रार्थना करती है।]

बेबी : हे दूध पीने वाले गणेश जी, हे सर्वशक्तिमान!... अफसर नौजवान है...कुछ चक्कर चलवा दो ना...

इमरती देवी : **(दरवाजे से झाँकते हुए)** नादान लड़की ! फिर से मूड़ी कटवाएगी इनका !! **(बेबी चौंकती है)** ...अरे मूर्ख, जो चीज हम पहले ही बाबा भोलेनाथ से माँग चुके, ...ई लम्बोदरा को पावर है, कि तुमको गछ देंगे ?

[बेबी सिर पीटते हुए भीतर चली जाती है।]

झूलन सफाई के लिए ड्राइंगरूम में आता है। इधर-उधर देखकर सोफे पर बैठकर कूदता है, कोई गीत गाता है, फिर मेज पर पड़ी डिबिया से सिगरेट निकाल कर पीता है। अचानक बहुत से लोग अंदर आते हैं। मेयर झूलन को तरेड़ते हैं, वह भाग जाता है।]

कुमार : आज का दिन बहुत अच्छा बीता ! सबसे बड़ी बात है, सबसे बड़ी बात है, आप हर आने-जाने वालों से इतनी तमीज से पेश आते हैं। दूसरे शहरों में तो सरकारी अफसरों के बेहूदे व्यवहार की आप कल्पना भी नहीं कर सकते।

मेयर : सर, यह तो हमारा कर्तव्य है और फिर आप जैसा बड़ा अफसर...

कुमार : (चौंककर इधर-उधर देखता है) बड़ा अफसर ! कौन-सा बड़ा अफसर ?

मेयर : (हँसते हुए) ...अब क्यों छिप रहे हैं, कृपानिधान ! हम लोगों को सब पता चल गया है।

कुमार : (समझकर) बड़ा अफसर ...हा...हा...हा...बड़ा अफसर, अब समझा, इतनी खातिर का मतलब। हा...हा...क्या खूब पहचाना आपने ! भई वाह ! क्या पैनी निगाह है आपकी !

[सब लोग चापलूसी में हँसते हैं।]

कुमार : (सोचकर मुस्कुराता है, हाव-भाव में भारी परिवर्तन आ जाता है)...आप लोगों ने दावत अच्छी दी। आप लोग क्या रोज ऐसा ही खाना खाते हैं ?

[बाकी लोग ऐसा सुन थोड़ा घबराते हैं :]

मेयर : (हाथ जोड़कर) नहीं...नहीं, नहीं हुजूर ! हम लोग ईमानदार आदमी हैं...भोजन हमेशा सीधा-सादा...देस का भी तो सोचना पड़ता है।

सिविल सर्जन : आज की दावत तो आप जैसे मेहमान के स्वागत में थी।

कुमार : (शिकायत के लहजे में) पर तंदूरी आइटम एक भी नहीं था, ड्रिंक्स का मजा फीका रह गया।

मेयर : ऐसा है महोदय कि तंदूर काण्ड के बाद वह सब गले के नीचे नहीं उतरता। असुविधा के लिए माफी चाहते हैं।

चिलमची मियाँ : लाहौल विलाकूवत ! कितना जालिम इंसान रहा होगा !

लोटा परसाद : इन्सान ? अरे, हैवान कहिए हैवान उस कमीने को !

कुमार : यह किसको कहा आपने ? जानते हैं, कितने मंत्रियों का जिगरी रहा है वह ?

चिलमची मियाँ : अ-हा-हा-हा...आप गलत समझ गए हुजूर ! हम लोग तो तन्दूर लगानेवाले को कह रहे थे...कम्बख्त को हड़बड़ी क्या थी ? हैं भई ?

लोटा परसाद : बिल्कुल ! मामला उभरता ही नहीं। धीरे-धीरे समा कर स्वाहा ! कम-से-कम तन्दूर की बदनामी तो नहीं होती ...कैसा कहा ?

कुमार : **(टोककर)** बहौत लूज टॉक करते हैं...!

[बाकी लोग दोनों को डपटते हैं, दोनों सटक जाते हैं।]

कुमार : **(सिविल सर्जन को देखते हुए)** वह दावत वाली जगह आपकी ही तो थी ?

सिविल सर्जन : बिल्कुल श्रीमान् ! ...हमारा डिपार्टमेंट था, रामभरोसे सिविल हॉस्पिटल।

कुमार : काफी खाली-खाली सा था, नहीं ? **(हँसकर)** मरीज आते भी हैं, या प्राइवेट प्रैक्टिस में जाते हैं ?

सिविल सर्जन : **(हाथ जोड़कर हकलाते हुए)** कभी-कभी मूर्ख देहाती प्राइवेट इलाज की जिद पकड़ लेते हैं, श्रीमान ! क्षमा किया जाये।

[दौड़कर मेयर साहब के पास जाता है और घिघियाता है :]

सिविल सर्जन : मेयर साहब, बचाइए।

मेयर : **(उसकी बेवकूफी पर आँख दिखाते हुए)** पीछे जाकर छिप जाइए। **(कुमार से)** ऐसा है हुजूर, हमारा समय तो सहर की तमाम जिम्मेदारियों में व्यस्त रहता है। ...अपने से क्या-क्या बताएँ...आपको तो पता ही होगा। अब इन नौकरों से भूल-चूक हो जाना तो एक स्वाभाविक बात है। इनको जीवनदान दिया जाये, अऽऽ...चाहें तो कुछ नगदी जुर्माना लगा दें इनपर...

कुमार : नहीं...नहीं, यह बात नहीं। ऐसे भी मेरा एटीच्यूड डैमेज करने का नहीं रहता है। हाँ, कोई होशियार बने, फिर तो मुझे जबरदस्त गुस्सा आ जाता है।

चिलमची मियाँ : देखा, लोटा परसाद ! अफसर हो तो ऐसा।

कुमार : और मेयर साहब ! काम के बाद टाइम कैसे पास होता है ? आई मीन रमी, तीन पत्ती या मुजरा... क्या ?

मेयर : छीः-छीः-छीः ! इन चीजों से तो हमको घृणा है। समाजसेवा के बाद अगर समय बचा तो हम तो संध्या-हवन, तंत्र-मंत्र, अरे बस इन्हीं धार्मिक चीजों में समय गुजारते हैं।

मैजिस्ट्रेट : **(मेयर के कान में)** उड़िए मत, परसों रात में ही एक हजार जीते हैं।

मेयर : चुप रहिए ! चुप रहिए...!

कुमार : खैर, साहब, यह तो अपने-अपने सोचने का ढंग है। मैं तो अक्सर मुजरा देख लेता हूँ। इसमें बुराई ही क्या है !

मेयर : **(तुरंत बदलकर)** भला बुराई कैसी ! बल्कि यह तो स्वदेसी कल्चर की रक्षा का पवित्र कार्य है श्रीमान् !

[इमरती देवी और बेबी सज-धज कर आती हैं, बैठक के दरवाजे पर ठिठक जाती हैं।]

मेयर : कृपानिधान, इजाजत हो तो हम अपने परिवार के सदस्यों से परिचय करवा दें ? यह हैं हमारी दूसरी पत्नी...

कुमार : दूसरी पत्नी...यानी वाइफ नम्बर टू। भई, वाह ! कुछ नेताओं का तो फैशन ही बन गया है। चुनाव जीता नहीं कि एक नई-नवेली हाजिर।

स्कूल इंस्पेक्टर : वंश-सुधार के लिए यह आवश्यक हो जाता है श्रीमान !

मेयर : **(घबराकर)** नहीं, नहीं, हम उस लेभल के नेता नहीं हैं सरकार...! पहली वाली सिधार गई थीं, इसलिए मजबूरी में करना पड़ा...आइए ...आइए **(दबी जुबान में इमरती देवी से)** भगवान के लिए जरा बोलना कम, न तो सबको बेइज्जत करा दोगी, **(कुमार से)** हें हें

...इनका नाम है इमरती।

कुमार : **(चेहरा खिल जाता है)** हाय, इमरती ! कितना स्वादिष्ट नाम है !

[इमरती देवी सिर्फ लजाती है।]

मेयर : हें...हें...और यह है हमरी बेटी–बेबी !

बेबी : **(इतराकर)** मेरा नाम रूपा है।

कुमार : आप दोनों से मिलकर सचमुच कितना अच्छा लग रहा है !

इमरती देवी : ई तो हमनी का सौभाग्य है...बिराजिए न...!

[मेयर इमरती देवी को घूरते हैं, इमरती देवी चुप हो जाती हैं।]

कुमार : **(इमरती देवी के ब्लाउज की तरफ झाँकते हुए)** इस ऐंगल से जो सुख आपके निकट खड़े होने में है, वह बैठने में कहाँ ! फिर भी आप कहती हैं, तो चलिए बैठ जाता हूँ। यह सब अद्‌भुत है।

[इस बीच झूलन शराब की बोतल वगैरह लाता है।]

मेयर : लिया जाय...

कुमार : अरे! वहाँ तो इतनी पिलायी आपने ! खैर, एक और सही...**(बेबी को देखकर)** आप इतनी खामोश क्यों हैं ?

[इमरती देवी जलन के साथ देखती है।]

बेबी : कुछ अपने बारे में बताइए न !

कुमार : क्या-क्या बताऊँ ? गवर्नमेंट का एडवाइजर होने की वजह से पी. एम. को भी संगीन मसलों पर हमसे मशवरा लेना पड़ता है।

बेबी : उनका ऑटोग्राफ दिलवा दीजिएगा ? प्लीज !

इमरती देवी : अऽ दुर **(अंगूठे से इशारा करते हुए)** ठेपे लेना है, तो इनसे न माँगो, मूरख !

कुमार : यू आर राइट...एम्बैसेडर हो, गवर्नर हो या सेनाध्यक्ष–सबकी पोस्टिंग में मेरा एन. ओ. सी.

जरूरी है...यह सब तो संवैधानिक बातें हैं...अब आप लोगों ने संविधान तो खैर क्या पढ़ा होगा ?

लोटा परसाद : हमने पढ़ा है श्रीमान...

चिलमची मियाँ : सौ बार पढ़ा है।

मैजिस्ट्रेट : आपकी तारीफ पर तो पूरा चैप्टर ही है हुजूर...

कुमार : **(मुस्कराकर)** अभी नया संशोधन हुआ है—मरने के बाद सारी पुरानी मूर्तियाँ हटाकर मेरी स्टैच्यूज लगा दी जायें...

सिविल सर्जन : जीते जी लगनी चाहिए सर,...गाँधी—अम्बेडकर कंट्रोवर्सी भी दूर हो जायेगी।

कुमार : गुड पाईंट ! पर अभी ही कितना कुछ है मेरे नाम से ! उधर मेरे बाप भी पीछे पड़े रहते हैं—कहाँ फटे पेंदे की सरकार चलाने में लगे हो कुमार, अपना राज सम्हालो। पर यू नो, मेरा नेचर ही अलग सा है...इज्जत के आगे रुपये-पैसे को नहीं लगाता मैं...अब होने को तो करोड़ों का बैंक बैलेंस है...पचासों कारखाने हैं...दर्जनों तो गाड़ियाँ होंगी... अपना हवाई जहाज है...जी हाँ जनाब, पर्सनल जैट प्लेन.. !

लोटा परसाद : **(मेयर की चापलूसी में)** हमारे मेयर साहब के पास भी जापानी ट्रेन है हुजूर, जापानी ट्रेन...!

[कुमार अचरज से मेयर को देखता है।]

चिलमची मियाँ : **(समझाते हुए)** बैटरी वाली !

मेयर : **(घबराकर दोनों से)** चुपचाप रहिये, न तो मुँहवे पर गोईठा ठोकवा देंगे।

लोटा/चिलमची : आक्-थूः, थूः...लाहौल विलाकूवत !

मेयर : **(कुमार से)** रुकावट के लिए खेद है...आगे सुनाया जाय सरकार !

कुमार : काफी कलाकार पाल रखे हैं आपने...। वैसे मैं भी कला और संगीत के क्षेत्र में एक अलग ही पहचान

रखता हूँ। फिल्म जगत में भी पूरा दबदबा है अपना। स्मगलिंग का केस हो या इन्कम टैक्स—अब मुझसे बचकर कहाँ जायेंगे ?

मैजिस्ट्रेट : सर, हमारी भी बेटी को बहुत शौक है फिल्मों में हीरोइन बनने का। अगर आपकी मेहरबानी...!

कुमार : नो प्रॉब्लम। सुभाष से कह दूँगा। ऐसा करिएगा, उसे दिल्ली भेज दीजिएगा मेरे पास।

चिलमची मियाँ : **(समझाते हुए)** ...घई...सुभाष घई...

मैजिस्ट्रेट : **(आह्लादित होते हुए)** ओ-हो-हो-हो...हो सके तो अपने साथ ही ले जाइएगा, सर !

स्कूल इंस्पेक्टर : चलचित्रों में अभिनय की इच्छा तो हमारी अर्धांगिनी की भी है।

कुमार : अर्धांगिनी-वर्धांगिनी नहीं चलेगा...कोई बहन या साली हो, तो बताइएगा।

मैजिस्ट्रेट : **(स्कूल इंस्पेक्टर पर चिढ़कर)** पहले जरा हमें फाइनल करने दीजिए... **(कुमार से)** तो फिर साथ ही ट्रेन का टिकट कटवा दूँ बिटिया का ?

कुमार : ट्रेन ! हः हः हः ! घटिया और रिस्की सवारियों पर चढ़ने की इजाजत ही नहीं है हमें। क्या करें ? नेशनल पॉलिसी है...अरे-रे... आप तो इमोशनल हो गए...चिंता छोड़िए...दिल्ली पहुँचकर खबर करूँगा ...मेरे कनेक्शंस कहाँ नहीं हैं ? **(कुमार गिलास खाली करता है, इमरती देवी बोतल उठाती है, मेयर जल्दी से बोतल छीनकर दोबारा गिलास भर देते हैं)** देश के बड़े-बड़े बुद्धिजीवी, चिंतक, लेखक—सबसे मेरा याराना है।

बेबी : हाउ स्वीट !

स्कूल इंस्पेक्टर : आप तो स्वयं इतने अच्छे लेखक लगते हैं श्रीमान !

कुमार : अब इतनी सेंसिटिव पोस्ट पर होने की वजह से

अपने नाम से तो नहीं लिख पाता हूँ...दूसरे नामों से लिखता हूँ–मसलन तस्लीमा नुसरीन...शोभा डे... खुशवंत सिंह...।

पोस्टमास्टर : (**शरारत से**) हमेशा जनाने नाम से ही क्यों छपते हैं श्रीमान ?

मेयर : (**बिगड़कर**) सुन लीजिए, का तो 'सोभा डे' इनको जनाना नाम लगता है। अरे, बेवकूफ, कमेंट देने से पहले थोड़ा पढ़ा भी करो...जरीको लूर नहीं है...

[मेयर गिलास भरते हैं। कुमार एक ही बार में गिलास खत्म कर देता है। नशा और बढ़ने लगता है।]

स्कूल इंस्पेक्टर : (**हकलाते हुए**) अ...आ...आपकी ऊँचाई की झलक मात्र से चक्कर आने लगे हैं, श्रीमान !

कुमार : एनफ्...! चापलूसी मुझे बिलकुल पसन्द नहीं।

[सबके चेहरे पर हवाइयाँ उड़ रही हैं।]

कुमार : ...मैं क्या कह रहा था ?

सब लोग : (**एक साथ**) चापलूसी...

कुमार : (**अलग-अलग इशारा करते हुए**) चापलूस, बेईमान, रिश्वतखोर और चिरकुट टाइप लोग मुझे बिलकुल पसंद नहीं (**उँगलियों से कतरने का इशारा करता है**) मैं तो सीधे उनकी बधिया कर देता हूँ।

[सब पैर सिकोड़कर कसमसाते हैं।]

कुमार : ...पी. एम. तक से अनपार्लियामेंट्री लैंग्वेज में हँसी-मजाक चलता है हमारा। (**नशे में डगमगाता है**) मेरा असली रूप देखा नहीं है तुम लोगों ने...(**बुरी तरह लड़खड़ा जाता है।**)

मेयर : (**उसे सहारा देते, काँपती आवाज में, बाकी लोगों को देखकर**) स-स-सर जी, अब आराम करना चाहते हैं। ...हुजूर, कमरा तैयार है...

कुमार : कमरा तैयार है...(**लड़खड़ा रहा है**) तो तुम सोओगे हमारे

साथ ? बहौत मोटे हो... कोई और नहीं मिला ? लड़खड़ाते क्यों हो...सीधे चलो...सीधे।

[लड़खड़ाता हुआ चलने लगता है, मेयर उसे सहारा देता हैं।]

कुमार : **(बेबी को देखकर)** गुडनाइट, काश्मीरी कली ! **(इमरती देवी को देखकर)** बाई...बाई, अनारकली ! **(सहारे पर अंदर जाता है।)**

[मंच पर धीरे-धीरे अँधेरा होने लगता है।]

[स्थान : मेयर के घर की बैठक। समय : लगभग आठ बजे। मंच पर फैलता प्रकाश सुबह का आभास देता है। इमरती देवी और बेबी चाय के प्याले हाथ में लिये बातचीत में मसरूफ हैं।]

इमरती देवी : केतना संस्कार वाला है...**(शरमाकर)** देखी ! सारा टाइम कैसे टकटकी बाँध के हमको ताक रहा था ? जुल्मी ! ...अनारकली भी बोला।

बेबी : नहीं, मम्मी ! वह तो मेरी तरफ देख रहा था। मुझे भी तो काश्मीरी कली कहा उसने।

इमरती देवी : फिर वही बात ! अनारकली से कस्मीरी कली का कोई मुकाबला है ?

बेबी : है...बिल्कुल है !!

इमरती देवी : चुप रह मुँहझौंसी !

[मेयर का कमरे के अंदर प्रवेश।]

मेयर : **(फुसफुसाते हुए)** आँधर (अंधी) हो का ? **(कुमार के कमरे की तरफ इशारा करके)** अरे भागवान ! धीरे बोलो। देखती नहीं, अफसर जी सो रहे हैं।

इमरती देवी : देखिए जी...चार अक्षर पढ़ का ली है...अब खूबसूरती में भी मुकाबला करती है। आप ही बताइए तो,

अफसर इसको देख रहा था कि हमको ?

मेयर : तुमको देख रहा था ? राम-राम ! एक ब्याहता नारी का यही धर्म है कि अपने स्वामी को छोड़कर पर-पुरुष की बात करे ? तुम्हारा रंग-ढंग देखकर तो जहर खा लेने का मन करता है।

इमरती देवी : (**हिकारत से**) तो रोकता कौन है ?

मेयर : (**नर्म पड़ते हुए**) पवित्रता ही स्त्री का धर्म होता है, बेबी की माय...पतीव्रता स्त्री का धर्म...।

कुमार : (**नेपथ्य से**) हाय इमरती ! कहाँ खो गईं ?

मेयर : (**घबराकर इमरती देवी को ढकेलते हुए**) जाओ ! जाओ ! जल्दी जाओ ! तुमको बुला रहा है। अरे भागवान, देख का रही हो...जल्दी जाओ...तब तक हम पूजा-स्नान से निपटकर आते हैं।

[मेयर भीतर जाते हैं, इमरती देवी भी गुस्से से सिर झटककर उनके पीछे ही चली जाती है। बैठक खाली देखकर सिविल सर्जन और पोस्टमास्टर का प्रवेश।]

सिविल सर्जन : देखा आपने, संकटा बाबू और स्कूल इंस्पेक्टर की चालबाजी को...हमको मिस-गाइड करके अस्पताल से मरीजों को हटवा दिया...कल तो भारी फेरा में पड़ जाते हम !

पोस्टमास्टर : साले, खाली कास्टिज्म में लगे रहते हैं। हमें लगता है, आपको हटवाकर अपनी जात का आदमी लाना चाहते हैं।

सिविल सर्जन : ओह, तो यह मैटर है ! हम भी अगर असल के हैं तो आज ही दिखा देंगे।

[मैजिस्ट्रेट और स्कूल इंस्पेक्टर का प्रवेश।]

मैजिस्ट्रेट : (**हँसते हुए**) ये देखने-दिखाने की क्या बात कर रहे थे, डॉक्टर साहब ?

सिविल सर्जन : (**घबराकर**) अरे बिल्कुल नहीं...कुछ भी तो नहीं...बल्कि

हम तो कह रहे थे कि कल सबसे डिग्निफाइड बिहेवियर आपका ही दिखा...देखिए, प्लीज़, बुरा मत मानिएगा।

मैजिस्ट्रेट : **(आश्चर्य से)** इसमें बुरा मानने की कौन-सी बात है भई !

पोस्टमास्टर : हाँ-हाँ...अभी हमें आपस की छोटी-मोटी बातें ओभरलुक करनी चाहिए संकटा बाबू...प्लीज़...!

मैजिस्ट्रेट : **(बात समझते हुए)** हुमऽऽ, तो यह आपके मन का चोर बोल रहा है...कहीं आप दोनों हमारे खिलाफ कान्सपिरेसी में...

स्कूल इंस्पेक्टर : **(बात काटते हुए)** व्यर्थ की बकवाद में समय न गवाएँ महोदय, और आगे की परियोजना पर विचार करें। यह अधिकारी अत्यधिक चतुर है और इससे निपटने का मार्ग खोजना अत्यावश्यक।

पोस्टमाटर : हमारे विचार से 'खतरनाक अफसरों से कैसे निपटा जाये' विषय पर हमें एक एमर्जेन्सी मीटिंग कॉल करनी चाहिए, फिर एक कमिटी का गठन और दो-तीन सब–कमिटियाँ। उसके बाद किसी उम्दा जगह पर एक सेमिनार की तैयारी...कलकत्ता का ग्रैण्ड होटल कैसा रहेगा ?

मैजिस्ट्रेट : मूर्खों की तरह बात मत कीजिए। यह कोई सूखा, बाढ़ या प्लेग जैसी समस्या नहीं है...जिस पर यह सब किया जाय। यह प्रौब्लम **(कुमार के कमरे की तरफ इशारा करते हुए)** नंगी तलवार-सा लटक रहा है...तुरन्त उपाय सोचकर अमल करना होगा।

[लोटा परसाद और चिलमची मियाँ का मुस्कुराते हुए कमरे में प्रवेश।]

सिविल सर्जन : **(व्यंग्य से)** अच्छा, तो आप लोग भी पहुँच गए ! का जरूरत था ?

मैजिस्ट्रेट : हर आफिशियल काम में नाक घुसाते चलते हैं।

चिलमची मियाँ : कोई शौक नहीं है हमें नाक घुसाने का...चिढ़िए मत ! ...लगता है, बेचारों को बता ही दिया जाय। क्यों लोटा परसाद जी ?

लोटा परसाद : हम भी यही सोच रहे थे। चू-चू-चू-चू, बेचारे !

मैजिस्ट्रेट : यह क्या ड्रामा बतिया रहे हैं आप दोनों ?

लोटा परसाद : तो सुनिए, आप लोग अभी ऊपाय ही खोज रहे हैं, उधर मेयर साहब तो चढ़ावा चढ़ा भी चुके !

सब लोग : क्या ?

चिलमची मियाँ : जीऽऽ साहेबान, वह भी पूरे दो हज़ार।

लोटा परसाद : सौ-सौ के कुरकुरे नोट थे...ताज़े बिस्कुट की तरह।

सिविल सर्जन : वही कहें कि अफसरवा तड़ से इस घर में कैसे चला आया !

स्कूल इंस्पेक्टर : हमें आभास तक नहीं होने दिया ?

मैजिस्ट्रेट : **(गुस्से में)** यह तो सरासर गद्दारी है, साहब !

पोस्टमास्टर : गज्जू बाबू से और का उम्मीद रखते हैं ? खैर, अब तो हम लोग आराम से चलकर एक मोटी थैली प्रेजेन्ट करें और कम से कम एक-एक दिन अपने-अपने घरों पर टिकने का दबाव डालें। कैसा रहेगा ?

सिविल सर्जन : ई सब काबिलियत दिखाइयेगा न, तो अफसर जी सीधे बोड़ो-लैण्ड का टिकट साट देंगे...।

मैजिस्ट्रेट : **(समझाते हुए)** देखिए, काम बहुत रिस्की है। कुछ अफसर सबसे पैसा नहीं लेते। एकाध मोटे आसामियों को पकड़े रहते हैं और बाकी दुनिया के सामने ईमानदारी का ढोंग रचते हैं।

स्कूल इंस्पेक्टर : ससुरा हर बात में टेढ़ा है !...अष्टावक्र कहीं का !

सिविल सर्जन : शीऽऽ...सुनिए ! अभी के सिचुएशन में यही बेहतर होगा कि सब लोग एक-एक कर अंदर जाएँ और

अपने-अपने तरीके से जो बने, वैसा करें। हमारे विचार से संकटा बाबू शुरुआत करें तो अच्छा रहेगा।

मैजिस्ट्रेट : (**घबराकर**) नहीं...नहीं। पहले आप जाइए, सिविल सर्जन साहब ! हाकिम आपके यहाँ दावत खा चुके हैं... आपसे जल्दी खुलेंगे...

सिविल सर्जन : हमको तो पलपिटेशन रहता है, हम कैसे पहले जा सकते हैं। क्यों न स्कूल इंस्पेक्टर ही शुरुआत करें।

स्कूल इंस्पेक्टर : ऐसा है, श्रीमान ! मैं भी इन दिनों डायरिया से पीड़ित हूँ।

सिविल सर्जन : तब तो आप रहने दीजिए। कुछ गड़बड़ हो गया तो सब चौपट हो जाएगा।

पोस्टमास्टर : आप सबसे सीनियर हैं, संकटा बाबू ! संकट दूर कीजिए।

मैजिस्ट्रेट : अच्छा, शांत रहिए, जरा सोचने दीजिए।

कुमार : (**नेपथ्य से**) हाय ! नहीं आई...कितनी बेरहम है यह इमरती !

[सब लोग इशारे में एक-दूसरे को देख मुस्कुराते हैं।]

कुमार : (**नेपथ्य से**) झूलन मास्टर, हमारी चाय लेकर ड्राइंग रूम में आओ।

[ड्राइंग रूम की बात सुन सब लोग ड्राइंग रूम से भागते हैं। कुमार ड्राइंग रूम में आकर बैठता है। झूलन चाय लेकर आता है।]

कुमार : क्या खूब चाय बनाई है ! जी चाहता है, तुम्हें अपने साथ दिल्ली ले चलूँ।

झूलन : (**पैर पकड़कर**) आपकी सेवा में तो किस्मते खुल जाएगा हजूर।

कुमार : बस, इसी तरह हमारी सेवा करते रहो।

[संकटा बाबू घबराते हुए भीतर आते हैं।]

मैजिस्ट्रेट : सॉरी टू डिस्टर्ब यू सर !

झूलन : (**जीभ काटकर**) ले बलइया ! ई के आ गया ?

कुमार : (**गंभीरता से**) येस प्लीज़ ! बोलिये।

[**झूलन चला जाता है।**]

मैजिस्ट्रेट : मैं संकटा बाबू, ज्यूडीशियल मैजिस्ट्रेट हूँ, सर !

कुमार : आइए-आइए ! तशरीफ लाइए ! और कैसा चल रहा है ?

मैजिस्ट्रेट : सर, पिछले कई सालों से मैजिस्ट्रेट हूँ, और आप ही के गाइड लाइन पर खूब मेहनत और ईमानदारी से फैसला सुनाता हूँ...

कुमार : मगर मैंने तो कुछ और ही सुना है आपके बारे में ?

मैजिस्ट्रेट : (**जल्दी से**) यही न सर, कि हम जम कर रिश्वत लेते हैं और हमें कानून का 'ए बी सी डी' भी नहीं आता है !...पर यह तो सिस्टम का दोष है सर, हम अकेले कर ही क्या सकते हैं ?

कुमार : आपकी बात में काफी दम है...मतलब आपको तो इस रिसर्च के लिए डॉक्टरेट मिलनी चाहिए, ठहरिए वाइस चांसलर से कह कर कोई चक्कर चलाता हूँ।.(**उचककर देखता है**) आपकी जेब से वह हरा-हरा क्या दिख रहा है ?

मैजिस्ट्रेट : (**जेब से रुपये निकालते हुए**) हें हें हें...गुरुदक्षिणा है, सर...!

कुमार : (**आँख सिकोड़कर**) तो आप यह मेरे लिए लाये थे ?

मैजिस्ट्रेट : (**हाथ जोड़कर**) सर, गलत मत समझिएगा...यह निहायत छोटी-सी भेंट है...दिस इज ए टोकेन आव माई रिस्पेक्ट...सर।

कुमार : (**गंभीर मुद्रा में**) एक बात आप भी समझ लीजिए, और किसी से मैं लेता भी नहीं...लाइए, अब आप इतने रिस्पेक्ट से दे रहे हैं तो चलेगा...आपसे कुछ अलग

ही किस्म का लगाव हो गया है।

मैजिस्ट्रेट : **(पैसे देते हुए)** थैंक यू सर– पूरे दो हजार हैं...।

कुमार : समझ में नहीं आ रहा, बदले में आपको क्या दूँ ?

मैजिस्ट्रेट : अब जुलूम न कीजिए, सर। मेरे लिए कोई आदेश हो तो...

कुमार : अरे नहीं। सब ठीक चल रहा है। कैरी ऑन।

[लम्बा सलाम कर मैजिस्ट्रेट चले जाते हैं।]

कुमार : **(स्वयं से)** छोटी जगहों में भी अच्छी कमाई है, सलामी में ही दो हजार दे गया।

[पोस्टमास्टर कमरे में प्रवेश करते हैं और लम्बा सलाम करते हैं।]

पोस्टमास्टर : हुजूर मैं, बेरंगीलाल ! शहर का पोस्टमास्टर हूँ। आपके दर्शन के लिए आया हूँ।

कुमार : बेरंगीलालजी ! इस शहर में कब से हैं ?

पोस्टमास्टर : चार वर्षों से सरकार !

कुमार : चार वर्षों से एक ही शहर में ? कमाल है ! अब तक तो मकान-वकान भी बना लिया होगा आपने ?

पोस्टमास्टर : जी हुजूर। **(फिर हकलाकर)** न...नहीं हुजूर। हम बहुत ईमानदार आदमी हैं, सरकार !

कुमार : बिल्कुल...बिल्कुल ! पर आप काफी घबराए से लग रहे हैं।

पोस्टमास्टर : जी ? जी, बात ऐसी है सर, पोस्टआफिस में दो हजार रुपये का गुमनाम मनीआर्डर आया है...समझ में ही नहीं आ रहा है कि क्या करें ? कहीं हजूर का तो नहीं है ?

[पोस्टमास्टर पैसा निकालते हैं।]

कुमार : हो सकता है...**(अचानक सख्ती से)** वैसे आप चालाकी से रिश्वत तो नहीं दे रहे ?

पोस्टमास्टर : **(गिड़गिड़ाकर)** ऐसा कभी हो सकता है हजूर ? आप तो

आदमी पहचानते हैं सरकार !

कुमार : फिर ठीक है...लाइए दे दीजिए। (**सोचते हुए**) इसकी तो रसीद भी देनी पड़ेगी ?

पोस्टमास्टर : जीते जी नरक में मत ढकेलिये सर !...अब आज्ञा चाहेंगे।

कुमार : (**बादशाहियत के साथ**) ...हमने आज्ञा दी...!

[पोस्टमास्टर जाते हैं। कुमार आश्चर्य से मुस्कुराता है। स्कूल इंस्पेक्टर दरवाजे से झाँकते हैं।]

कुमार : कम इन...भीतर चले आइए।

स्कूल इंस्पेक्टर : जी मैं, विद्यालय निरीक्षक !

कुमार : स्कूल इंस्पेक्टर ! काफी रसिक इन्सान मालूम पड़ते हैं ?

स्कूल इंस्पेक्टर : आपने तो संकट में डाल दिया...क्या उत्तर दूँ ? आपका प्रश्न बड़ा टेढ़ा हैं श्रीमान !

कुमार : अजी मैंने कहा, जमकर माल फँसाते होंगे आप ! गोरी टीचरों को तो चुन-चुन कर ? क्यों ?

स्कूल इंस्पेक्टर : जी, इस बारे में, मैं...मैं...

कुमार : बनिये मत ! (**स्कूल इंस्पेक्टर की घबराहट भाँपकर**) मुझे सब खबर है... (**दिमाग पर जैसे जोर देते हुए**) मसलन ...मिस...

स्कूल इंस्पेक्टर : म...म...मिस जूली...आ...आ...आपको सब ज्ञात हो चुका है...क्षमा करें, श्रीमान ! क्षमा करें !

कुमार : मिस जूली...काफी हसीन नाम है। हमसे कब मिलवा रहे हैं ?...खैर, छोड़िए...(**इधर-उधर देखते हुए**) ...आपसे एक जरूरी बात कहनी है...

[स्कूल इंस्पेक्टर मौका देख, रुपये जमीन पर गिरा देते हैं और अभिनय करते हुए चौंकते हैं।]

स्कूल इंस्पेक्टर : लगता है, श्रीमान के रुपये गिर गए हैं। प...प...पूरे दो हजार !

[कुमार अपनी जेब टटोलवाता है, फिर बात को समझते हुए]

कुमार : पूरे दो हजार !! वाह ! आदमी समझदार लगते हैं। धन्यवाद !...मैं आपसे कहने ही वाला था।

स्कूल इंस्पेक्टर : तो अब आज्ञा हो।

कुमार : शौक से।

[स्कूल इंस्पेक्टर जाते हैं। कमरे में सिविल सर्जन का प्रवेश।]

कुमार : आपका परिचय ?

सिविल सर्जन : ऐसा न कहें हुजूर, भय सा लगता है। आपने कल हमारे ही घर पर जूठन गिराई थी ! हमारी वाइफ ने अपने कोमल-कोमल हाथों से हुजूर के लिए खाना परोसा था।

कुमार : हाँ-हाँ, वो चोली कट ब्लाऊज़ ! याद आ गया। वैसे कपैरिटिवली आप ईमानदार लगते हैं...पर बाकी लोग ...चू् चू् मामला काफी टेढ़ा है।

सिविल सर्जन : **(धीरे से)** ठीक फरमाया हुजूर, एक तरफ मैजिस्ट्रेट, स्कूल इंस्पेक्टर, पोस्टमास्टर, और सबसे बढ़कर तो मेयर साहब...हर मामले में करप्ट हुजूर...जरा सावधान रहिएगा।

कुमार : मुझे भी कुछ ऐसा ही लग रहा था।

सिविल सर्जन : हुजूर का आदेश हो तो सबकी जनम-पत्री भिजवा सकता हूँ।

कुमार : यू मस्ट ! अरे हाँ, डॉ. साहब जरा देखिए, मेरी हथेली में खुजली क्यों हो रही है ?

सिविल सर्जन : **(देखते हुए)** अरे ! यह तो एलर्जी है। इसका तो बस एक ही इलाज है,....इसमें पुराने कागजों का स्पर्श बहुत लाभ पहुँचाता है...जैसे यह ट्राई कीजिए न सर ! **(नोट कुमार के हाथ में थमा देते हैं)** इसे मुट्ठियों में कसकर

पकड़े रहें, हुजूर !

कुमार : **(देखकर)** अरे, ये तो नोट हैं...**(मुस्कुराते हुए)** थैंक्यू ! थैंक्यू ! तो यह उधार रहा मुझपर।

सिविल सर्जन : नहीं-नहीं...यह तो दवाई है...पी. एस. ...फिजिसियन्स सैम्पुल सर, आपके ही इस्तेमाल का है। अब इजाजत दीजिए। **(हाथ जोड़कर)**

कुमार : दिल्ली में मिलिए। खुल कर बातें होंगी।

सिविल सर्जन : एज यू विश सर !

[सिविल सर्जन जाते हैं, लोटा परसाद और चिलमची मियाँ एक साथ अन्दर आते हैं।]

लोटा/चिलमची : **(एकसाथ)** हमें भी एक मिनट का वक्त दें, हुजूर !

कुमार : आइए...आइए...आप दोनों की तारीफ ?

चिलमची मियाँ : जी, मैं चिलमची खान।

लोटा परसाद : जी, मैं पंडित लोटा परसाद।

कुमार : सफाई पसंद इन्सान हैं...बहुत खुशी हुई मिलकर ...एकाध हजार रुपये होंगे ?

दोनों : **(चौंककर)** क क कैसे रुपये ?

कुमार : मुँह दिखाई के !

लोटा परसाद : माँ कसम, हम तो लाना ही भूल गये। अब आप ही रस्म निभाइये भाई चिलमची...हें हें, आज तो बाजी मार ले गये आप !

चिलमची मियाँ : **(बिगड़कर)** कैसी बात करते हैं मियाँ ? इतने सारे रुपये ही होते तो बम्बई जाकर फिल्मों में किस्मत न आजमाते कि यहाँ यह सड़ियल-सी नौटंकी करते !

कुमार : कम में भी काम चल जाएगा।

[दोनों अपनी-अपनी जेब टटोलते हैं।]

चिलमची मियाँ : मेरे पास तो बस पचास रुपये हैं।

लोटा परसाद : मेरे पास भी बस वैसा ही एक नोट है।

कुमार : घबराइए मत, काफी हैं। (**नोट झटक लेता है**) अब आप लोग जाना चाहें तो...

लोटा परसाद : मुझे आपसे कुछ जरूरी बात करनी है। (**गर्दन से इशारा करते हुए**) मियाँ चिलमची, आप बढ़िए !

चिलमची मियाँ : नहीं, मैं आपके साथ ही चलूँगा।

लोटा परसाद : (**गुस्से में**) जाते हैं कि नहीं ?

चिलमची मियाँ : नहीं-नहीं, बिल्कुल नहीं। अमॉ, साथ आये हैं साथ ही जायेंगे।

कुमार : तामचीनी मियाँ...

चिलमची मियाँ : (**टोककर**) चिलमची हुजूर !

कुमार : अब आप बढ़िए। (**चिलमची मियाँ हँसते हुए उसकी तरफ बढ़ते हैं, कुमार टोककर**) इधर नहीं, उधर...

चिलमची मियाँ : (**निराश से**) बढ़ जायें ?...यानी कि हम उधर बढ़ जायें !...जैसा हुक्म हुजूर ! (**पैर पटककर बाहर जाता है**) व्हाट इज दिस ? हर समय हमको धकिया दिया जाता है ?

कुमार : हाँ, कहिए। नेटा परसाद जी।

लोटा परसाद : लोटा...लोटा परसाद, श्रीमान ! मैं तो बस इतना निवेदन करना चाहता हूँ...जब आप दिल्ली जाएँ तो सभी से बता दें कि इस शहर में भी एक शरीफ इन्सान रहता है।

कुमार : जरूर। सोनिया जी को भी बता दूँगा। दोनों के बारे में।

लोटा परसाद : दोनों के बारे में !...चू-चू...मैं चिलमची की शिकायत नहीं कर रहा हुजूर, पर आप ही सोचिए...बाप-दादा मुर्ग-बेचवा थे...झूठ-मूठ में रईसी का ढोंग रचता है। दिल्ली में उसकी चर्चा करना क्या उचित रहेगा ?

कुमार : समझ गया...आप बेफिक्र रहिए। वैसे आपको तो मैं पद्मभूषण भी दिलवा सकता हूँ...।

लोटा परसाद : पद्मभूषण !!...आपने पद्मभूषण कहा, श्रीमान ? **(खुशी से खुद को चपतियाते हैं)**

कुमार : सही सुना आपने...लेकिन...**(उँगलियाँ रगड़ता है)** सब आप पर डिपेंड करता है।

लोटा परसाद : अरे, हम भी गजब के पगलेट हैं। देखिए न, पाँच सौ का नोट तो पाकेट में ही रह गया था। नहीं-नहीं ...धन्यवाद देकर शर्मिन्दा ना करें हुजूर...अच्छा तो बढ़ते हैं...साढ़े पाँच सौ में पद्मभूषण !...भाई, ठीक ही सुना था।

[लम्बा सलाम कर लोटा परसाद भी चले जाते हैं।]

कुमार : सचमुच—यह स्वर्ग है। अपने दोस्तों को लिख भेजता हूँ, हँसते-हँसते लोटपोट हो जाएंगे सब। पहले जरा हिसाब लगा लूँ।

[कुमार भीतर जाता है। फिर एक लिफाफा थूक लगाकर साटते हुए बैठक में आता है।]

कुमार : **(ऊँची आवाज में)** गोबर सिंह !

गोबर सिंह : जी सरकार !

कुमार : गोबर भाई, जरा फटाफट यह चिट्ठी डाल आओ। बल्कि ऐसा करो, पोस्टमास्टर को दे देना। बोलना, फौरन निकलनी चाहिए।

गोबर सिंह : जी। लेकिन साहब गेट छोड़ने के लिए मना कीहिन है।

कुमार : बकवास बन्द करो, गोबर ! जो हम कह रहे हैं, करो।

गोबर सिंह : जी सरकार ! गलती हो गया।

[गोबर सिंह चिट्ठी लेकर जाता है। झूलन आता है। उसकी औरत दरवाजे पर खड़ी है। झूलन कुछ बोलना चाहता है, फिर हाथ बाँध मुस्कुराने लगता है।]

कुमार : कहो दोस्त ! क्या बात है ?

झूलन : **(भीतर के दरवाजे की तरफ देखकर)** आओ न...अरे, घुग्घा

कोची तानले हो? एकदम देहातिये का हो ?

[पत्नी घूँघट हटा देती है और मुस्कुराती है।]

कुमार : बोलो मित्र !

झूलन : जी न, सरकार हम पूछ रहे थे। न हो तो हम अपनी वैफ को भी दिल्ली ले चलते हैं।

कुमार : **(चौंककर)** दिल्ली ? ! ओह, हाँ-हाँ, बिल्कुल ! तुमको तो मैं एक घर ही दिलवा दूँगा, वहाँ रहने के लिए।

झूलन की पत्नी : अपने के सेवा में ई जिनगी धन-धन हो जतई मालिक !

[झूलन और पत्नी उसको दण्डवत करते हैं।]

झूलन : आज से तो हमारा सर हुजूर के चरणों में ही है।

[तब तक बाहर गेट पर शोर सुनाई पड़ता है। कुछ लोगों की आवाजें आती हैं।]

आवाजें : हुजूर, दर्शन दिया जाए। हम अपनी फरियाद लेकर आए हैं।

कुमार : **(झूलन से)** यह शोर कैसा है ?

झूलन : व्यापारी लोग हैं, हुजूर ! सबेरे से मिलने के लिए खड़े हैं। गोबर सिंह सब लोग को रोके हुए था। मेयर साहब का चमचा जो ठहरा...

कुमार : व्यापारी ? जल्दी अन्दर बुलाओ।

[झूलन बहुत से व्यापारियों को लेकर आता है। सभी माथा नवा कर प्रणाम करते हैं।

झूलन पत्नी के साथ भीतर चला जाता है।]

कुमार : हाँ...बोलिए।

[सभी डरते हैं। उसमें से एक हिम्मत कर बोलता है :]

पहला व्यापारी : इस जिल्लत की जिन्दगी से उबारिए हुजूर ! दया कीजिए !

कुमार : क्या हुआ है ?...आप लोग खुलकर बतलाइए।

दूसरा व्यापारी : हमें इस जालिम से बचाइए।

कुमार : किस जालिम से ?

पहला व्यापारी : जालिम मेयर से !

कुमार : (**हैरानी से**) मेयर ! और जालिम ?

तीसरा व्यापारी : इस शहर में आज तक ऐसा डकैत नहीं हुआ, हुजूर !

पहला व्यापारी : सब धन्धे में दस पर्सेन्ट शेयर माँगते हैं, और उपहार अलग से।

कुमार : दस पर्सेन्ट !...बहुत लालची आदमी है।...दिल्ली में तो सिर्फ सात पर्सेन्ट पर काम हो जाता है।

दूसरा व्यापारी : जी हुजूर, चाहे तो मेयर को सेयर दीजिए, न तो सब सामान सुद्ध और सही माप-तौल का बेचिए...यह कहाँ का इन्साफ है माईबाप ?

तीसरा व्यापारी : कैसे पोसाएगा ? जरा सोचिए आप।

पहला व्यापारी : ऊपर से धमकाते हैं कि सब जगह बिदेसी व्यापारी को बैठा देंगे, श्रीमान !

दूसरा व्यापारी : चरबी वाला हाजमा में सुद्ध घी पहुँचेगा तो हैजा ही न फैलेगा, कृपानिधान !

तीसरा व्यापारी : कभी गलती से कोई बात मुँह से निकल जाए, तो किडनैपिंग का धमकी देता है हुजूर !

कुमार : इसको तो मैं बेड़ियाँ लगवाऊँगा...घबराओ मत ! जो कहना है बेधड़क कहो।

पहला व्यापारी : हुजूर ! ट्रेजरी के गोलमाल को ढकने के लिए कल ही हम लोगों से पचास हजार उतरवा लिये, और हाजत में जो दुर्गत हुआ, सो अलग !

तीसरा व्यापारी : (**अपने पीछे सहलाते हुए**) लगता है जैसे तवा पर बैठे हुए हैं...

दूसरा व्यापारी : (**शरमाते हुए**) दिखाने में भी लाज लगता है हुजूर... सबूत के लिए ई का...फोटो खिंचवा कर लाये हैं सरकार ?

कुमार : (फोटो देखते हुए) अरे-रे-रे ...चू चू चू चू ! अब आपके मलहम तो नहीं लगा सकता पर ऐसे आदमी को तिहाड़ जेल की हवा जरूर खिलवाऊँगा।

पहला व्यापारी : बस-बस ! इतना कह कर मलहम तो आपने अपनी जुबान से ही लगा दिया हजूर !!

तीसरा व्यापारी : अब हमें भी देशभक्ति दिखाने का अवसर दें सरकार !

[एक सुन्दर-सी टोकरी बढ़ाता है।]

कुमार : देखिये, प्लीज़...रिश्वत लेना पाप है।

दूसरा साहब : रिश्वत कहाँ हुजूर, ई तो पेटपीरी है। फल, मिठाई और आपकी सेवा के लिए दवाई !

कुमार : नहीं, बिल्कुल नहीं। यह तो मैं ले ही नहीं सकता। ...(रुककर धीरे से) हाँ, इसके बदले अगर डेढ़-दो हजार रुपये...

पहला व्यापारी : (जल्दी से देते हुए) आपने तो मन की बात चुरा ली हुजूर !...अब दो हजार से का होगा, आप दस हजार रखिए।

कुमार : थैंक्यू...धन्यवाद...शुक्रिया।

पहला व्यापारी : (सौगात पर इशारा कर) ई सब भी रख लिया जाए, नहीं तो करेजा कट जाएगा, सरकार !

कुमार : (हँसकर) आप लोग तो बस पीछे ही पड़ जाते हैं। ठीक है, उधर रख दीजिए।

दूसरा व्यापारी : ई सब फोटो भी सम्हार लें माई-बाप !

कुमार : (फोटोग्राफ मेज पर रखते हुए) फिक्र मत कीजिए। वह कड़ी सजा दिलवाऊँगा कि जेल से रो-रोकर माफी माँगेगा ससुरा।

सभी व्यापारी : बस...बस, यही चाहिए हुजूर...अब आज्ञा दीजिए।

[कुमार व्यापारियों को हँस कर विदा करता है, फिर जल्दी से उनके द्वारा दिये गये रुपये निकाल कर गिनने लगता

है। बेबी सजी-धजी कमरे में आती है। कुमार ध्यान-मग्न है। बेबी इधर-उधर देखती है। फिर अलमारी में सजे एक चूहे को उठा कर अपने पैर के पास गिराती है और जोर से चीख मारती है :]

बेबी : ई ऽऽऽ क !...

[कुमार चौंक कर रुपये जेब में रख लेता है।]

बेबी : ये...ये...चू...चूहा...मेरे उपर कूद गया था।

कुमार : **(उठकर देखता है)** अरे, यह तो मिकी माउस है **(कुमार सब समझकर मुस्कुराता है।)**

बेबी : **(नजरें झुकाकर)** सौरी...शायद मैंने आपको डिस्टर्ब कर दिया...

कुमार : नहीं...नहीं...बिल्कुल नहीं...बल्कि मैं तो लगातार आपके बारे में ही सोच रहा था।

बेबी : मैं अपनी पुस्तक ढूँढ़ने आयी थी।

कुमार : आप खड़ी क्यों हैं ?...बैठिए न ! हालाँकि आपकी खामोश खूबसूरती में भी गजब का संगीत लहराता है, पर आप इतनी चुप क्यों रहती हैं ?

बेबी : **(बैठ जाती है)** कितने स्टाइल से बोलते हैं। इतने बड़े कवि जो ठहरे।...अपनी कोई कविता सुनाइए न... प्लीज !

कुमार : **(नजदीक सटते हुए)** कविता ! ओह, कविता तो विरह-वेदना का संगीत होती है। और जहाँ आप और हम दोनों इतने पास-पास हों तो फिर उसकी क्या जरूरत है, बेबी...!

बेबी : **(आनन्द-भरी घबराहट के साथ)** मैं...मैं...कुछ समझी नहीं !

कुमार : **(अत्यंत भावुक बनकर)** पहले तो मैं भी नहीं समझ पा रहा था बेबी...पर शायद मुझे तुमसे प्यार हो गया है, बेइंतहा प्यार !...जी करता है तुम्हारे गालों के प्यारे

गड्ढों में ही घर बनाकर रहने लगूँ...

बेबी : **(इतराकर)** देखिए, मैं छोटे से शहर की भोली-भाली लड़की हूँ...इतनी मीठी बातों में तो झट से फँस जाऊँगी...इसलिए यह सब धीरे-धीरे कहिये न.... प्लीज...!

कुमार : **(घुटनों पर बैठ, सीने पर हाथ रखकर)** धीरे-धीरे का वक्त नहीं है, मेरी धड़कन ! दो पल के लिए ही, मुझे अपना लो...बस, अपना बना लो जानेमन...**(बेबी का हाथ पकड़कर)** प्लीज बेबी...मेरी डार्लिंग...!

बेबी : **(घबराकर इधर-उधर देखते हुए)** आप...मैं...उठिए न !

[इमरती देवी का प्रवेश]

इमरती देवी : **(तीखी आवाज में)** ई सब का चल रहा है, बेबी ?

बेबी : **(हकलाती है)** मम्मी, मैं...मैं...!

इमरती देवी : भीतर जाओ, और जाकर पहाड़ा याद करो।

कुमार : **(इमरती देवी के आगे घुटने टेककर)** प्रेम की आग में जल रहा हूँ...और मत तरसाइए !

इमरती देवी : उठिए न, आप तो ठिठोली करते हैं।

कुमार : प्यासे पर तरस खाइए...

इमरती देवी : **(बेबी से)** तुम कोची ठड़े-ठड़े पहरेदारी कर रही हो? कभी अकेला ही नहीं छोड़ती है।

कुमार : आप के मदभरे अधरों की मामूली-सी हरकत से तूफान थम जाएगा।

[इमरती देवी लजाती है।]

बेबी : **(पैर पटककर)** ओह मम्मी, तुम समझ नहीं रही हो।

इमरती देवी : अपना समझदारी अपने पास रखो। **(कुमार से लजाते हुए)** कोची (क्या) तो कह रहे थे आप !...

कुमार : मेरी आरजू को मत ठुकराइए...बस, हाँ कह दीजिए !

इमरती देवी : **(चोरी से देखते हुए)** और मत छटपटाइए...ओह...अब

देखा नहीं जाता।

कुमार : क्या मैं इसे आपकी हाँ समझूँ ?

[इमरती देवी आँखें बन्द कर, बाँहें पसार, आमंत्रण के साथ सहमति में सर हिलाती है।]

कुमार : **(बेबी का हाथ पकड़कर इमरती देवी के आगे झुक जाता है)** तो फिर हमें जल्दी से आशीर्वाद दीजिए !

इमरती देवी : **(चौंककर)** आप...बेबी का हाथ !

कुमार/बेबी : हाँ, मम्मी... !

इमरती देवी : **(कलेजा पकड़कर)** उफ ! हाँ...हाँ, यह तो हमारा सौभाग्य है। **(अचानक बिलखकर)** लेकिन हमको भी अपने साथे रखिएगा, मेहमान जी !

कुमार : बिल्कुल मम्मी ! बस, आपकी दयादृष्टि मिलती रहे।

[मेयर बदहवास से घुसते हैं।]

मेयर : **(कुमार का पैर पकड़कर)** इस अबला का उद्धार कीजिये भगवन् !

कुमार : **(हैरानी से)** क्या हो गया है भई ?

मेयर : हमारे खिलाफ जो सिकायत मिली है, वह बेबुनियाद है सरकार !...हमको प्लानिंग करके फँसाया जा रहा है हुजूर...

कुमार : **(इमरती देवी से)** क्या हो गया है इनको ?

मेयर : हमसे किरिया ले लीजिए, माई-बाप...जो किसी भी बिजनेस मैन से कोई चीज मुफ्त लिए हों, चाहे धमकाए हों।

इमरती देवी : ओहो ! ई का अंड-बंड बक रहे हैं जी ? सुनिये, हम आपको एक खुसखबरी सुनाते हैं।

मेयर : देखो, बीच में मत टोको।

इमरती देवी : अरे, सुन तो लो, तुम्हारा तो हार्ट फेल कर जाएगा ...अरे अफसर जी बेबी का हाथ माँगना चाहते हैं। आऊ हमको भी साथ रखेंगे दिल्ली में।

मेयर : तुमको भी साथ रखेंगे ! **(घबड़ाकर)** अरे मूर्ख, कभी तो अकल से बात किया करो, जाहिल, गँवार ! प्लीज बुरा मत मानिएगा सर ! इसको तो मजाको करे का लूर नहीं है।

कुमार : यह बिल्कुल सच है मेयर साहब...मुझे दामाद मानने में कोई आपत्ति है आपको ? **(सख्ती से)** नहीं... साफ-साफ बताइए।

मेयर : यह तो हमारा परम सौभाग्य होगा...**(खुश होते हैं, पर फिर गम्भीर होकर)** नहीं-नहीं, आप जरूर जस्ट मजाक कर रहे हैं।

कुमार : **(बिगड़कर)** आप समझते हैं, मैं मजाक कर रहा हूँ ? जोकर नजर आता हूँ आपको ?

मेयर : सौरी सर...हे भगवान ! अब क्या करें ? अकिले काम नहीं कर रहा है...

इमरती देवी : आसीर्वाद दीजिए...आसीर्वाद !

[दोनों मेयर का पैर छूकर आशीर्वाद लेते हैं।]

मेयर : **(स्वयं से)** ओह ! अफसर जी के बहाने, दिल्ली लोट रही है हमरे पैरों पर। अरे, जब भगवान देता है, तो छप्पर फाड़ कर देता है। **(कुमार से)** लेकिन सर, हम फिर कसम खाके कहते हैं कि हम बिल्कुल निर्दोस हैं, सर !

कुमार : **(आवाज देकर)** झूलन मास्टर। जरा अपना सामान लेते आना यार !

मेयर : **(हैरानी से)** यह क्या मेहमान जी, अ...**(जीभ काटकर)** सर ! कहाँ की तैयारी है ?

कुमार : जरा जहानाबाद का भी इन्सपेक्शन करना है। बस, अगले मण्डे तक लौटकर आता हूँ।

मेयर : तो हमारी गाड़ी ले जाइए न मेहमान जी...सर !

कुमार : भूल गए ? मैं जाऊँगा, भेस बदलकर !

मेयर : जी...जी...सॉरी सर ! तो फिर मण्डे को ही सगाई का डेट रखते हैं।

कुमार : बिल्कुल-बिल्कुल ! यूँ समझिए कि पलक झपकते हाजिर रहूँगा।

[झूलन सामान लेकर बाहर जाता है।]

मेयर : एक गुजारिस है...राह खर्च के लिए कुछ तो साथ रख लीजिए।

कुमार : नहीं-नहीं, इसकी क्या जरूरत है...**(रुककर)** या फिर जैसा आपलोग ठीक समझें। अब मेरी थोड़े ही चलेगी।

इमरती देवी : बिल्कुल ! कोई ना-नुकुर नहीं चलेगा मेहमान जी। अब तो आप पर अधिकार न हो गया...**(इतराकर)**... हमारा अधिकार !

मेयर : यह लीजिए, पाँच हजार...सब चकचक नोट है ! ट्रेजरी का न है...**(तुरन्त मुँह बन्द कर)** सॉरी सर, सॉरी सर, स्लिप कर गया।

कुमार : कोई बात नहीं...समझिये कि मैंने कुछ नहीं सुना !

मेयर : वाह भाई वाह ! दामाद मिले तो ऐसा !

कुमार : अब इजाजत चाहूँगा...हर चीज का शुक्रिया ! अच्छा इमरती...मेरा मतलब है—'मम्मी'...**(बेबी को देखकर)** चलता हूँ डार्लिंग...अभी से तुम्हारी याद तड़पा रही है।

इमरती/बेबी : तनी जल्दी आइएगा...जहानाबाद में सावधानी बरतिएगा !

[बेबी और कुमार एक-दूसरे को वियोग में देखते हैं। कुमार बार-बार मुड़ कर देखते हुए चला जाता है। मेयर, दरवाजे से लौटकर, इमरती देवी और बेबी के साथ बैठकर बतियाते हैं।]

मेयर : भाग्य भी साला गजब का चीज है, नहीं बेबी की माय

...कैसा हुमच कर पलटा मारता है...

इमरती देवी : ई तो हम पहले ही बूझ गए थे। बाकी हम बोल देते हैं, हम भी उसी के पास रहेंगे, दिल्ली में।

मेयर : हाँ-हाँ ! लेकिन हमको तो अभी तक बिस्बासे नहीं होता है जी !

इमरती देवी : हाँ, तब होगा भी कैसे, सुरुए से छोटे-छोटे आदमी के साथ उठते-बैठते तुम्हारा संस्कारे बिगड़ गया है।

मेयर : **(खिसियानी हँसी हँसकर)** बेऽऽ, चट से पिन मार कर पचका देती हो...खैर, अब सबसे पहले जरा व्यापारियों से सुलट लें...हमारी सिकायत करने चले थे...हरामजादे ! उल्टा लटकवा कर सटका से नहीं पिटवाए तो कहना। **(बात पलटकर)** बाकी रंग-रूप में जरा बेबी से दब है...उमिर भी कुछ ज्यादा है ...नहींऽऽ?

इमरती देवी : **(चिढ़कर)** बेटी के मोह में तुम्हारे आँख पर पर्दा पड़ गया है...अब इससे बढ़ियाँ दमाद कहाँ मिलेगा जी ?

मेयर : ठीक बोली...**(जोर से)** अरे, कोई है रे ? **(इमरती देवी से)** जरा सा में कपार पर मूतने लगे थे, साले !

[गोबर सिंह आता है।]

गोबर सिंह : हुजूर !

मेयर : देखो, जो-जो कम्पलेन लेकर आए थे, सबको धर कर लेते आओ।

गोबर सिंह : सरकार !

मेयर : और सुनो, भर शहर एलाउन्स करवाओ कि हमारी बेटी का रिस्ता अफसर जी से तय हो गया।

गोबर सिंह : सरकार !

मेयर : और ई भी कि—मेहमान जी के जैसा, अब हमारा

भी पी. एम. से डाइरेक्ट कनेक्सन हो गया है... साले को खूब हँसी-मजाक चलता है, अनपार्लियामेंट्री लैंग्वेज में !

गोबर सिंह : सरकार !

मेयर : लेकिन पहले व्यापारी सब को बाँध कर हाजिर करो ...जल्दी ! **(गोबर सिंह जाता है। मेयर इमरती देवी से)** आँय जी, अचानक से मेयर का पोस्ट कुछ घटिया टाइप का नहीं लगने लगा है ? बोलो तो !

इमरती देवी : ऐसा वैसा ! समधियाना में मारे लाज के माथा नहीं उठेगा !

बेबी : आप इतनी छोटी पोस्ट पर रहिएगा पापा, तो ससुराल में मेरी क्या इज्जत रह जायगी ? मेरी प्रेस्टीज का भी तो ख्याल कीजिए।

मेयर : दमदा का तो प्राइम मिनिस्टर तक से फ्रेंडसिप है। अब ई सब सोचना तो भाई उनका काम है। हो सकता है, एम्बैसेडरे बना दें !

इमरती देवी : **(टोककर)** मारूति के जमाना में एम्बैसेडर !?

मेयर : अरे, एम्बैसेडर माने राजदूत...नहीं बूझी ?

इमरती देवी : का तो एम्बैसेडर माने राजदूत...अरे फटफटिये लेना है तो फिर हीरो होन्डा लीजिए न जी...

मेयर : बेऽऽ **(चिढ़कर)** फटफटिया नहीं बेबी की माय, राजदूत एगो बहुत ऊँचा पोस्ट होता है।

इमरती देवी : **(अचानक खिलकर)** बूझ गए, बूझ गए...अंगद जी जैसा।

मेयर : हाँऽऽ...अबरी ठीक पकड़ी...अगर कहीं हमको राजदूत बना दिया तो का मौज रहेगा ? फुर्र से अमेरिका—फुर्र से इंग्लैंड, कभी सिंगापुर, तो कभी जापान...बेनजीर के साथ ब्रेकफास्ट, और डायना के साथ डिनर, फिर तड़-तड़ स्विस एकाउंटवा पर सिग्नेचर...। साले

मेयर-तेयर तो चपरासिये लगेंगे हमरे आगे।

इमरती देवी : त आऊ का...!

मेयर : एक बार राजदूत बन गए तो चकड़चाली करके पी. एम. बने में कितना देर लगेगा हमको ? **(कल्पना में डूबते हुए)** सोचो, जरा सोचो बेबी की माय, अगर लक साथ दे दिया, तो का सीन सजेगा...हम गजेन्दर बाबू, सोफा पर आराम फरमा रहे हैं ! मेजरवा चाह बना रहा है, औऊ थैचर पंखा हाँक रही है...ओ हो ...हो ...हो...बस, यही सब हमको ललचा देता है बेबी की माय...!

इमरती देवी : हुँआ तक पहुँचना है न, तो इस्टाइल बदलो...पहले ई सब जोंक चमोकन से अपना पिंड छुड़ाओ।

मेयर : कौन से जोंक ?

इमरती देवी : अरे, ऊहे तुम्हारा संकटा प्रसाद, दू-टकिया सिविल सर्जनवा, ऊ हकलू इंस्पेक्टर, अऽ ऊ लंगड़ू पोस्टमास्टर, ऊ लोग पर जल्दिये नून रगड़ दो।

मेयर : हें-हें, कइसा बात करती हो जी..सब लोग बहुत वफादार हैं।

इमरती देवी : तो साटे रहो...हमको का है...अरे, वफादार चाहिए तो हमरे भाई को रख लो।

बेबी : नहीं, मामा जी का चाल-चलन ठीक नहीं है पापा, झूलन की औरत तक से पैसे ठगते हैं।

इमरती देवी : **(डाँटकर)** बद्तमीज लड़की ! होस में रह कर बात कर—होस में !

बेबी : धमकाओ मत मम्मी, यह सब मेरी शादी की वजह से ही हो रहा है...समझी ?

इमरती देवी : आय हाय ! अरे, हम तरस खाकर छोड़ दिये, नहीं तो किससे बियाह होता, देखते। अब ठड़े-ठड़े करेजा पर छुड़ी कोची चला रही है, मुँहझौंसी कहीं की !

[चार-पाँच व्यापारी-ठेकेदारों का काँपते हुए प्रवेश।]

मेयर : आइए, आइए ! कैसे हैं आप लोग ? अरे हाँ ! यह देखिए...आप लोगों के गुप्त जगह की गुप्त तस्वीरें तो मेहमान जी यहीं छोड़ गए...(**चित्र देखते हुए**) सुन्दर... अति सुन्दर...कहिए तो किसी सेक्सी मैगजीन में छपवा दें?

पहला व्यापारी : हु...हु...हुजूर, हम लोग से भारी गलती हो गई।

दूसरा व्यापारी : कइसे तो दिमागे घुलट गया था, महाबली, रहम कीजिए !

मेयर : बेईमान ! जिस पत्तल पर खाते हो उसी में थूकने चले थे ? दोगले, साले !!...करो सिकायत ! और करो ! अब बोलो, (**चित्र दिखाकर**) घलुए में ही खुल गया पैजामा ?

सभी व्यापारी : अबरी भर बकस दीजिए हुजूर !

मेयर : हरामजादो ! हमारी सिकायत करते हो...और अपने का हो रे ? तुम रे लम्बू...बिना रोड बनाये बिल निकाल लेते हो और हमको एगो मारुति देने में प्राण निकलता है, और मोटू, तुम ?...मिलावट किंग...अरे सार छोटू, पीछे छिपता है रे...डंडीमार !...अब देखना, हाजत में हंटर से छिलवाकर कैसे मिर्चाई लगवाते हैं।

सभी व्यापारी : (**घिघिया कर**) फिर वही सजा !...तरस खाइए...अभी तक लहर रहा है...

मेयर : अबरी ज्यादा लहरेगा...।

[सारे व्यापारी मेयर के पैर पर गिर जाते हैं।]

सभी व्यापारी : माफी, अन्नदाता ! आगे ऐसा कभी नहीं होगा।

मेयर : एक मिनट में बुझा गया औकात ?

इमरती देवी : सुनिए न, अब छोड़ दीजिए जी !...माफ कर दीजिए...

मेयर : **(मुलायम होकर)** खैर, जाओ। माफ किया...लड़की की शादी है, इसलिए रहम आ गया...नहीं तो देख लेते।

बुजुर्ग व्यापारी : हुजूर ने हमें माफ कर दिया ! आप दया का सागर हैं सरकार...**(बाकी लोगों से फुसफुसाकर)** नारा लगाओ नारा !

पहला व्यापारी : बोलो जोर से, गली-गली में...

सब : शोर है।

[मेयर आँखें सिकोड़ते हैं।]

बुजुर्ग व्यापारी : **(घबराकर)** मारेंगे एक चमेटा...सबको मरवाएगा का रे ?...अरे आँधी बोलो, आँधी !

पहला व्यापारी : गली-गली में आँधी है...

सब : मेयर नहीं ये गाँधी है।

[दोहराते हैं।]

मेयर : ठीक है...ठीक है...अब जादे पोलसन मत लगाओ, और कान खोलकर सुन लो। जैसे हमारी बेटी, वैसे तुम सब की बेटी। इतने बड़े आदमी के साथ रिस्ता हो रहा है। दहेज से लेकर खान पान, किसी भी चीज में कमी हुआ तो सब साले एम. टी. वी. पर लंगटे नाचते नजर आओगे।

सभी व्यापारी : सिकायत का जरा सा भी मौका नहीं मिलेगा दयावान्।

मेयर : तो जाइए, और फटाफट इंतजाम में लग जाइए।

[सभी व्यापारी चले जाते हैं। मैजिस्ट्रेट, सिविल सर्जन और स्कूल इंस्पेक्टर आते हैं। संकटा बाबू रुष्ट से हैं।]

स्कूल इंस्पेक्टर : यह हमने क्या सुना ? यह तो अद्भुत समाचार है। हार्दिक बधाई !

मेयर : धन्यवाद श्रीमान, ठीक ही सुना आपने। सब सेटल हो गया...

सिविल सर्जन : (**इमरती देवी से**) आप को भी बधाई। बेटी, तुम्हें भी।

इमरती देवी : (**रौब से**) ठीक है। ठीक है।

मेयर : (**हँसते हुए**) आप इतना सीरियस क्यों हैं संकटा बाबू ?

मैजिस्ट्रेट : (**मुँह फुलाकर**) चोरों का भी ईमान होता है। इसका क्या मतलब है कि हमेशा अच्छी चीज पर आप ही हाथ साफ कर दीजिएगा। हम लोगों के घरों में बेटियाँ नहीं हैं क्या ?

मेयर : अब गुस्सा थूक भी दीजिए, संकटा बाबू ! देखिए, मेहमान जी से कहकर सबसे पहले हम आपकी लड़की के लिए इसी तरह का एक लड़का ठीक करेंगे।

मैजिस्ट्रेट : पहले वादा कीजिए।

मेयर : प्रॉमिस रहा भाई, प्रॉमिस।

मैजिस्ट्रेट : (**गले लगाकर**) तब तो हमारी भी बधाई !

[लोटा परसाद और चिलमची मियाँ का प्रवेश।]

चिलमची मियाँ बिस्मिल्लाह।...क्या बात सुनी है...

लोटा परसाद : महापौर महोदय को बधाई ! गोबर सिंह से क्या खबर पाई है !

स्कूल इंस्पेक्टर : जरा विस्तार में बताइए। यह सब कैसे हुआ श्रीमान् ?

मेयर : अफसर जी ने खुद हमसे बेबी का हाथ माँगा।

इमरती देवी : (**शरमाकर**) जाते बखत...'डार्लिंग' भी बोले।

बेबी : ओह, मम्मी ? वह तो उन्होंने मेरे लिए कहा था।

इमरती देवी : अरे बेसरम ! हम का झूठ बोल रहे हैं ?

स्कूल इंस्पेक्टर : (**बात बदलते हुए**) खैर, महापौर महोदय, यह सब प्रारब्ध का खेल है। और आप ठहरे किस्मत के साँड़...

सिविल सर्जन : (**स्कूल इंस्पेक्टर से**) किस्मत-विस्मत नहीं श्रीमान जी, यह सब हुजूर की काबिलियत का पुरस्कार है।

मेयर : थैंक्यू, डॉक्टर साहब...भाई संकटा बाबू, तीन पत्ती तो बहुत खेल लिया, अब आप हमको ब्रिज खेलना सिखा दीजिए और अंग्रेजी बोलने का प्रैक्टिस करवा दीजिए।

मैजिस्ट्रेट : आपके केस में काफी डिफिकल्ट है...कोशिश करेंगे, लेकिन यह अचानक ?

मेयर : अब मान लीजिए क्लिंटनवा जिद्दिया जाये कि ड्रिंक्स के पहले एक हाथ खेलना ही पड़ेगा, तो हम का करेंगे ? आँय ? चाहे महरानी एलीजाबेथ लिलकार दें...कि मेहमान जी, एक पूड़ी और !. ..तो कुछ तो कहना पड़ेगा ना इसीलिए अंग्रेजी सीखना इम्पोर्टेन्ट है...मच मच नीडिंग...राइट कि राँग ? इमरती डार्लिंग !

मैजिस्ट्रेट : भई, मैं कुछ समझ नहीं पा रहा हूँ, फिर भी आपकी जानकारी के लिए बता दूँ कि विलायत में पूरी-वूरी नहीं खाई जाती। दूसरे, वहाँ के तौर-तरीके बिल्कुल अलग हैं।

इमरती देवी : का तो पूड़ी नहीं खाया जाता है...!!(**मेयर को देखकर**) अऽ...दुर, आप तो खुदे तड़तड़ा कर इंगरेजी बोल रहे हैं, संकटा बाबू कोची सिखाएँगे?...झुट्ठो का अहसान लदायेगा...।

सिविल सर्जन : भाई, नाटक का यह पार्ट कुछ समझ में नहीं आया।

सब लोग : अरे भाई, खुलकर बताइए...हुजूर...श्रीमान...सर...

मेयर : दोस्तो, हो सकता है, बहुत जल्दी आप लोगों का साथ छोड़कर दूऽऽर जाना पड़े। चाँस है, कोई बड़ा सा पोस्ट मिल जाए, राजदूत का...इंग्लैंड या अमेरिका में !

इमरती देवी : जरा सुनिए जी ! खाली बकर-बकर करते रहिएगा। एक मिनट भीतर चलिए तो।

[मेयर, इमरती देवी और बेबी अन्दर जाते हैं।]

मैजिस्ट्रेट : एम्बैसेडर बनेंगे। हुँह...क्या सपना है...

सिविल सर्जन : यह सच भी हो सकता है संकटा बाबू...चापलूसी का जमाना है, कुछ भी संभव है...

मैजिस्ट्रेट : सत्यानाश हो साले का...इनको तो हमारी आह ही जलाकर भस्म कर देगी।

स्कूल इंस्पेक्टर : जाँच अधिकारी की मति मारी गई, जो इस बन-डमरू के घर रिश्ता जोड़ बैठे...

मैजिस्ट्रेट : देखिएगा...इस जरा से लोभ के लिए यह खट से पार्टी भी बदल लेंगे...कोई चरित्र नहीं रह गया है पालटीशियन्स का।

[मेयर वापस आते हैं।]

मैजिस्ट्रेट : हुजूर, एम्बैसेडर बनकर भूल मत जाइएगा।

मेयर : कैसी बात करते हैं आप !

लोटा परसादः (आकांक्षा के साथ) राजदूत की इतनी ऊँची पदवी पाकर पहला कार्यक्रम क्या रहेगा महामहिम ?

मेयर : पहला कार्यक्रम ?...मुन्नी बाई और मुछिन्दर लाल का होस उड़ाना !!...कमीनों से पाँच-पाँच हजार न उतरवा लिया तो कहिएगा...

चिलमची मियाँ : अ...हम लोग तो अपने फ्यूचर के बारे में पूछ रहे थे हिज एक्सीलेंसी...

स्कूल इंस्पेक्टर : महामहिम—राजदूत महोदय, करबद्ध निवेदन है कि राजभाषा के प्रचार-प्रसार हेतु हमें भी विलायत बुलवा लें।

सब लोग : (एक स्वर में हाथ जोड़कर) जलम-गधा मिट जाएगा सरकार !

मेयर : हमें कोई एतराज नहीं है। हमसे जो बन पाएगा, करेंगे।

इमरती देवी : (छनककर) जरा भी अकिल से बात कीजिएगा जी।

अभी तो भीतर ले जाकर इतना समझाए। ई सब आलतू-फालतू आदमी से जादे वादा-ऊदा मत कीजिए। बिलायत में ई सब छोट-मोट काम याद भी रहेगा ?

[सब लोग घबराकर उनकी ओर ताकते हैं, चिढ़ते हैं, पर सँभल कर फिर चापलूसी में बोलते हैं :]

सिविल सर्जन : **(दाँत पीसते हुए भी हँसकर)** मैडम जी ने कितनी फ्रैंकली कहा...

मैजिस्ट्रेट : एक दम प्रैक्टिकल बात है भाई !

[अकबकाते हुए पोस्टमास्टर का प्रवेश।]

पोस्टमास्टर : तबाह हो गये मेयर साहब ! बर्बाद हो गये !

स्कूल इंस्पेक्टर : बेरंग पत्र की तरह क्यों नाच रहे हैं, बेरंगीलाल जी !

[पोस्टमास्टर मेयर को पकड़कर]

पोस्टमास्टर : सब कुछ लुट गया हजूर !

चिलमची मियाँ : हुजूर नहीं—हिज एक्सिलेंसी बोलिये, जनाब !

मेयर : **(डाँटकर)** क्या हुआ है ?

पोस्टमास्टर : हम कैरम खेल रहे थे, हिज एक्सीलेंसी...। तभी गोबर सिंह चिट्ठी लेकर आया। बोला—पड़ताली अफसर का है, इसको फौरन भेजिए।

मेयर : तब !

पोस्टमास्टर : चिट्ठी देखकर घबरा गए। दिमाग में आया, हो न हो, अधिकारी, यहाँ की रिपोर्ट भेज रहे हैं, तो हमने चिट्ठी खोल डाली....

मेयर : **(गुस्से में)** अरे मूर्ख, पगला गए हो का ?

पोस्टमास्टर : लेकिन आपने ही तो कहा था...

मेयर : **(गरजकर)** बकवास बन्द करो। साले, तुम ई भी भुला गए कि अफसर जी हमारे मेहमान होने वाले हैं।

पोस्टमास्टर : जरा सुना जाय चिट्ठी पढ़कर मालूम हुआ कि ऊ

अफसर जी तो क्या, अफसर का चपरासी जी भी नहीं था।

सब : नहीं !

मेयर : **(चीखकर)** तुमको तो साले डिसमिस करवा देंगे।

पोस्टमास्टर : डिसमिस करवाइएगा बाद में ! पहले जरा चिट्ठी तो सुन लीजिए।

सब : हाँ...हाँ...पढ़िए-पढ़िए...।

पोस्टमास्टर : पढ़ते हैं, सुनिए। डीयर कालिया, मस्त होगे...तुम तो जानते ही हो कि दिल्ली में जिस छोकरी से अपना चक्कर चल रहा था वह साली किसी बड़े पुलिस अफसर की भतीजी निकली। मामला हाथ से निकल गया था, इसलिए मुझे भागना पड़ा। रास्ते में दो दिन बनारस रुका। हाय, क्या कँटीली अदा थी, पर एक नम्बर की ठग ! सारे पैसे झटक लिये। नाम था मुन्नी बाई !

मेयर : **(बीच में बिगड़कर)** मुन्नी बाई...? क्या बकते हो।

पोस्टमास्टर : जो लिखा है वही पढ़ रहे हैं, महामहिम ! आगे सुनिए। आगे लिखा है कि वहाँ से चला तो इस छोटे से शहर में आकर टिका। पैसे पहले ही उड़ चुके थे। होटल वाले भी जेल भेजने की तैयारी में थे कि अचानक तकदीर ने पलटा खाया। गेरा ताम-झाम और लटके-झटके देखकर लोगों को मेरे बारे में गलतफहमी हो गई और मूर्खों ने मुझे दिल्ली से आया कोई बड़ा अफसर समझ लिया। इसलिए अब मेयर के यहाँ ठाठ से रह रहा हूँ। सारे अफसर खुशामद में लगे रहते हैं। बाकी समय मेयर की छोकरी से इश्क लड़ाने में कटता है या फिर उसकी दूसरी बीबी इमरती से। क्या खूब कुरकुरी है यार !

[इमरती देवी और बेबी जोर से चीख मारकर रोती हैं। फिर इमरती देवी बेबी को खुद से सटाये, रोते हुए भीतर जाती है।]

पोस्टमास्टर : **(आगे पढ़ते हैं)** आगे मैं तुम्हें इन सभी जानवरों से एक-एक कर परिचित करवाता हूँ...सबसे पहले मिलो मेयर साहब से। चोरों का सरदार ! कद से भैंसा, दिमाग से कटहल, अपने स्कूल वाले पी. टी. टीचर की तरह !

[सब मुँह दबाकर हँसते हैं।]

मेयर : **(बिगड़कर)** करिएगा लंगटई ? ई सब नहीं लिखा है।

पोस्टमास्टर : अपने पढ़ लिया जाय...हिज एक्सीलेंसी !

मेयर : **(चिट्ठी लेकर)** कद से भैंसा, दिमाग से कटहल...

[फिर से दबी हुई हँसी गूँजती है]

मेयर : **(पत्र लौटाकर)** ठीक है...ठीक है...आप ही पढ़िए।

पोस्टमास्टर : हाँ, तो कद से भैंसा, दिमाग से कटहल...

मेयर : **(गुस्से से)** अब यहीं पर कटहल का अचार डालिएगा कि आगे भी बढ़िएगा....? आँय ?...ईडियट !!

[सब ठहाका लगाकर हँसते हैं।]

पोस्टमास्टर : **(आगे पढ़ते हैं)** एक पोस्ट मास्टर है...अऽऽ...हमारे बारे में भी कुछ लिखा है...आगे पढ़ते हैं।

मेयर : ज्यादा उस्तादी मत दिखाइये...एक-एक शब्द पढ़ना होगा।

पोस्टमास्टर : **(हकलाते हुए)** एक...एक पोस्टमास्टर है...अब रहने भी दीजिए...।

सिविल सर्जन : काबिल मत बनिए। **(चिट्ठी छीनकर पढ़ते हैं)**...एक पोस्टमास्टर है, जो एक नम्बर का फ्रॉड है और ऊदबिलाव की तरह लचक कर चलता है **(सब हँसते हैं, मेयर भी मुस्कुराते हैं)**...हा...हा...हा...और जो यहाँ का सिविल सर्जन है...**(रुकते हैं)**

पोस्टमास्टर : पढ़िए...पढ़िए...चुप क्यों हो गए...मुँह में बवासीर हो गया क्या ?

सिविल सर्जन : धुँधला-धुँधला लिखा है। साफ जना नहीं रहा है।

मैजिस्ट्रेट : कोई बात नहीं, हम पढ़े देते हैं, हमारी तो चार-चार आँखें हैं **(चश्मा लगाते हुए चिट्ठी छीनकर पढ़ते हैं)** हाँ ...और जो यहाँ का सिविल सर्जन है, ब्लड ग्रुप से 'सी' क्लासिया, और पैदाइशी चार सौ बीस। पर मुझसे बुरी तरह घबराया रहता है...**(पढ़ते-पढ़ते)** हमारे ऊपर कोई कमेंट नहीं है...हाँ...एक इंस्पेक्टर ऑफ स्कूल्स है। छछुँदर सी शक्ल और ह...ह...ह...हकलाता है। ऊपर से गलतफहमी यह कि गोरी शिक्षिकाएँ उन पर मरती हैं।

[जोर से ठहाका लगता है।]

स्कूल इंस्पेक्टर : **(झल्लाकर)** दुष्ट कहीं का, यह मैंने कब कहा था ?

मैजिस्ट्रेट : आगे एक और नमूने से मिलो। यहाँ का मैजिस्ट्रेट, नाम है संकटा प्रसाद **(चिट्ठी बन्द कर देते हैं)** हमारे खयाल से सब मैटर तो समझ में आ ही गया है। आगे पढ़ने से कोई फायदा नहीं है।

सब : बिल्कुल नहीं। एक-एक शब्द पढ़ना होगा।

[स्कूल इंस्पेक्टर चिट्ठी छीन लेते हैं।]

स्कूल इंस्पेक्टर : हाँ, तो यहाँ का मैजिस्ट्रेट...नाम है संकटा प्रसाद। पक्का घूसखोर ! पता नहीं क्यों बदन से पेशाब की बू आती है और आँखें ऐसी चढ़ी रहती हैं, जैसे दिन-रात शराब में गोते लगाता हो।...और इन सब नमूनों ने हजारों रुपये भी दिये और वह खातिर की, वह खातिर की, कि मत पूछो...। सोचता हूँ, आज किसी बहाने से सरक जाऊँ। भेद खुल गया तो शामत आ जाएगी...तु तु तुम्हारा...

मेयर : खामोश...

चिलमची मियाँ : (लोटा परसाद से धीरे से) हम लोग बेदाग बच गए मियाँ ...आदमी उतना बुरा नहीं था...क्या ?

लोटा परसाद : (चिंतामग्न) यह भी तो हो सकता है कि चिट्ठी कोड-भाषा में हो और हम लोग खामखा गलत अर्थ लगा रहे हैं !

मेयर : चिट्ठी कोड भासा में जना रहा है रे, लोटा के ढक्कन...

चिलमची मियाँ : आँय भाई मेयर साहब, सच पूछिए तो हमें कोई अफसोस नहीं...ऐसे बदमाश से बिटिया की शादी कट गई, सो ठीक ही हुआ...अरे, अब तो ऐसे हजारों लड़के लाइन में बिछे रहेंगे हजूर...बस, आप एम्बैसेडर बने नहीं कि कमाल देखिएगा...

मेयर : (मैजिस्ट्रेट से हाथ जोड़कर) दया करके इनको यहाँ से हटवा दीजिए, न तो माथा का नस फट जाएगा।

चिलमची मियाँ : भई, यह बात हमारे पल्ले पड़ी नहीं...

[मैजिस्ट्रेट चिलमची मियाँ का मुँह दबा कर किनारे कर देते हैं।]

मेयर : अब आप लोग लोढ़ा जैसा खड़े का हैं ? लपक कर धरिए साले को !

स्कूल इंस्पेक्टर : यह तो व्यर्थ का परिश्रम होगा।

मैजिस्ट्रेट : अब तो खैर क्या होगा ! बेमतलब हजारों रुपये निकल गए।

सिविल सर्जन : सबलोग पर धुन सवार था कि कैसे पैसा दिया जाए। हमारा भी दो हजार चला गया।

चिलमची मियाँ : ऐसे कमोबेश, कुछ न कुछ तो सभी का डूबा।

लोटा परसाद : आप लोग रुपयों के लिए घुल रहे हैं ?...यहाँ तो पद्मभूषण हाथ से फिसल गया, मियाँ !

[इमरती देवी और बेबी का आँसू पोंछते बैठक में प्रवेश]

इमरती देवी : (कलपते हुए) ऐसन नहीं हो सकता जी, हमको साथ दिल्ली ले जाने वाला था। बेबी से बियाह करने

वाला था।

मेयर : **(रुआँसे होकर)** कर तो लिहिस बियाह। अरे हमरे साथ तो हनीमून ही मना गया सुसरा...हे भगवान, किसी को मुँह दिखाने लायक नहीं रहे हम ! **(अचानक घूमकर)** कौन सरवा बोला था कि पड़ताली अफसर है, कौन सरवा बोला था ?

मैजिस्ट्रेट : यह र्‍यूमर सबसे पहले चिलमची मियाँ और लोटा परसाद ने उड़ाया था। **(एक ओर इशारा करते हुए)** उधर सटक के काहे खड़े हैं, जरा सामने आइए जी !

चिलमची मियाँ : **(बौखलाकर)** क्या अंट-शंट बक रहे हैं मियाँ ! हम लोग तो कुछ बोले ही नहीं थे।

सिविल सर्जन : झूठ मत बोलिए...आप दोनों ने ही तो कहा था...

लोटा परसाद : भला हमने कहा था ! इनको देखिए तो...**(सिविल सर्जन की ओर मुड़कर, दीन भाव से)** का महाराज, यही कीजिएगा ?

चिलमची मियाँ : शरीफों का यही काम है मियाँ ?

स्कूल इंस्पेक्टर : निस्संदेह ! आप दोनों ही मेंढक की तरह टर्रा रहे थे—मिल गया...मिल गया...जाँच अधिकारी मिल गया !

लोटा परसाद : अब इनको सुनिए...यह तो झूठ-मूठ नंगा किया जा रहा है...चलिए मियाँ चिलमची, अब एक पल भी ठहरना उचित नहीं है...

चिलमची मियाँ : बिल्कुल...जल्दी चलिए...तो हमें इजाजत दें हिज एक्सीलेंसी...

मेयर : **(दोनों को पकड़ते हुए)** हिज एक्सीलेंसी की औलाद, मिर्चाई फोड़कर तमासा देख रहे हो...साले, **(चिलचमी को देखते हुए)** मन तो करता है, कल ही कमंडल पार्टी धर लें। तुम्हारा तो हुलिया टाइट हो जाएगा, चिलमची मियाँ !

लोटा परसाद : (उछल कर) क्या खूब कहा, वाह-वाह !

मेयर : (लोटा परसाद को धरकर) हँसते हो रे?...दीवारे पर साट देंगे...ससुर...तुमको सरियाने के लिए तो मन्डले कमीसन काफी है...समझे...?

मैजिस्ट्रेट : देखिए, चुनाव का समय नजदीक है। ऊलजलूल स्टेटमेन्ट मत दीजिए, इलेक्शन कमिश्नर सुन लेगा तो एगो और बलाय माथा पर आ जायगा।

मेयर : (चीखकर) चोप्प !!

स्कूल इंस्पेक्टर : आपकी मानसिक क्षति की भरपाई तो नहीं की जा सकती है, श्रीमान ! पर आर्थिक...

मेयर : हूंऽऽऽ...यह ठीक याद दिलाया।

[कोतवाल का प्रवेश]

कोतवाल : बधाई हो, हिज एक्सीलेंसी ! बधाई...और आपकी कन्या से पड़ताली अफसर के गठबंधन पर डबल बधाई...वाह-वाह जल्दी से मुँह मीठा करवाइए बहन जी (सबलोग चुप रहने का इशारा करते हैं) कुछ गलत कह दिये का ?

मेयर : वेवकूफ, बकलोल, ढकलेट...खड़े-खड़े मुँह मत ताकिये ...तुरन्त जाइए, और सब व्यापारी...दुकानदार से ...पाँच पाँच सौ रुपया एक घंटा में वसूल करके लाइए। जो ना-नुकुर करे, हाजत में उल्टा लटकवा दीजिएगा। देख कोची रहे हैं?...जल्दी जाइए...!

[कोतवाल घबराकर जाता है। चपरासी की वर्दी में एक आदमी का प्रवेश]

चपरासी : हुजूर !

[चपरासी कुछ बोलना चाहता है, पर सब लोग आपस में ही बातें कर रहे हैं।]

सब : ओह, गजब का धोखा हुआ।

चपरासी : (पुनः) हुजूर !

सिविल सर्जन : का हुजूर-हुजूर करले हो ! देखते नहीं हुजूर का मूड खराब है ?

मेयर : जीवन में एक से एक लोगों को हम उल्लू बनाये। ई पुटठा देख रहे हैं ? किसी को हाथ तक नहीं धरने दिये, लेकिन यह साला तीस साल का छोकरा हजामत बनाकर चला गया। ओह, जीवन भर याद रहेगा गज्जू, **(स्वयं से)** जीवन भर...

स्कूल इंस्पेक्टर : अब होनी को कौन टाल सकता था, श्रीमान।

चपरासी : हुजूर ! मेयर साहब...!

मेयर : **(बिगड़कर)** हुजूर की औलाद, कौन है ई जोकर?

मैजिस्ट्रेट : तुम भीतर कैसे आया रे ?

सिविल सर्जन : कौन हो तुम ?

चपरासी : आँय बाप ! चीन्हबे नहीं किये ? सर्किट हाउस के स्टाफ हैं हुजूर। सबको खोजते-खोजते बेदम हो गये ...पूरा सहर तो नाप दिये...आपके घर से आपके घर तक, तब जाकर हिम्मत कर के हियाँ आये हैं, हुजूर...

मैजिस्ट्रेट : खोजते-खोजते ?

पोस्टमास्टर : क्या बात है ?

चपरासी : आप सब लोगों को मेयर साहब के साथ तुरंत तलब किया गया है। दिल्ली से सी. बी. आई. के बहुत बड़ा अफसर आए हुए हैं, हुजूर, बहुत बड़ा ...पूरा हुजूमे है हुजूर, हथकड़ी...बेड़ी...रस्सा के साथ, जल्दी चलिए ...न तो सब गड़बड़ा जाएगा। हम बढ़ते हैं...

[बिजली चमकती है। वज्रपात का धड़ाका होता है। सभी घबराकर चौंकते हैं और फ्रीज कर जाते हैं।]

●●●